岩 波 文 庫

33-211-1

孝 経・曾 子

末永高康訳注

岩 波 書 店

岩 波 文 庫
33-211-1

孝 経・曾 子

末永高康訳注

岩 波 書 店

凡　例

一、本書は、『孝経《こうきょう》』および『曾子《そうし》』(『大戴礼記《だたいらいき》』の曾子立事篇以下の十篇)の原文・読み下し・現代語訳を合わせ載せたうえ、簡単な注を加えたものである。岩波文庫旧版の武内義雄・坂本良太郎訳註『孝経・曾子』(以下「旧版」と記す)に付せられていた「曾子集語」の部分は割愛した。

二、『孝経』の原文は、玄宗御注《げんそうぎょちゅう》の天宝重注《てんぽうちょうちゅう》本に拠り、底本としては石台碑《せきだいひ》を用いた。ただし、「灋」を「法」に、「譱」を「善」に、「万」を「萬」に改めるなど、異体字・略字等は正字に改め、避諱《ひき》により末筆を欠く「淵」「世」「民」「治」等の字も正字に改めた。

三、底本以外の『孝経』のテキストは、古文は清原教隆《きよはらのりたか》点京都大学附属図書館清原文庫蔵鈔本に、今文《きんぶん》の鄭注《ていちゅう》本は林秀一『孝経学論集』において復元されたものに拠り、開《かい》元始注《げんしちゅう》本は京都大学附属図書館清原文庫蔵鈔本の欠損部分を寛政十二年屋代弘賢《やしろひろかた》覆刻三条西実隆《さねたか》手鈔本によって補ったものに拠った。これらのテキスト間の異同については、解釈に影響を与えるような主たる異同についてのみ注記を加えた。なお、底本をはじめとする『孝経』の各テキストについては、本書の解説を参照されたい。

四、『孝経』の解釈はおおむね御注に拠り、明らかに御注と異なる解釈を与えた場合は、注において御注による解釈を示した。また、孔伝《こうでん》・鄭注の御注との主たる解釈の違いについても注記したが、もとより三者の相違を網羅するものではない。

五、『曾子』(『大戴礼記』)の原文のテキストは、『四部叢刊』所収の明袁氏《えんし》嘉趣堂《かしゅどう》本を底本とし、諸家の校語を参照して訳者が定めたものを用いた。また、異体字・略字等を正字に改めた以外で底本を改めたところには、＊を付して校記を加えた。

六、『曾子』各篇は旧版により分章したが、一部分章を改めたところがある。

七、諸書に引かれた孔子言・曾子言の類似するものについては、それを注記するようにつとめた。なお、注と解説において『論語』の篇名の後に記した数字は、岩波文庫の金谷治訳注『論語』により、その篇数・章数を示したものである。

八、現代語訳において、〔　〕で括った部分は訳者が言葉を補ったもの、(　)で括った部分は直前の語句に説明を加えたものである。

目　次

曾　子

孝経

開宗明義《かいそうめいぎ》章第一

章名は、この経の宗旨を開陳し、その義理を解明するの意。

仲尼居、曾子侍。子曰、先王有至德要道、以順天下、民用和睦、上下無怨、汝知之乎。曾子避席曰、參不敏、何足以知之。子曰、夫孝、德之本也、敎之所由生也。復坐、吾語汝。身體髮膚、受之父母、不敢毀傷、孝之始也。立身行道、揚名於後世、以顯父母、孝之終也。夫孝、始於事親、中於事君、終於立身。大雅云、無念爾祖、聿脩厥德。

仲尼《ちゅうじ》[1]居《お》り、[2]曾子《そうし》[3]侍《はべ》る。[4]子《し》曰《い》わく、[5]先王《せんおう》[6]、至徳《しとく》[7]要道《ようどう》[8]有《あ》りて、以《もっ》て天下《てんか》を順《おし》う、[9]民《たみ》用《もっ》て和睦《わぼく》し、上下《しょうか》怨《うら》み無《な》し、汝《なんじ》これを知《し》るか。曾子《そうし》席《せき》を避《さ》けて[10]曰《い》わく、参《しん》は不敏《ふびん》[11]なり、何《なん》ぞ以《もっ》てこれを知《し》るに足《た》らん。子曰《しい》わく、夫《そ》れ孝《こう》は、徳《とく》の本《もと》なり、[12]教《おし》えの由《よ》りて生《しょう》ずる所《ところ》なり。復《かえ》り坐《ざ》せ、吾《わ》れ汝《なんじ》に語《つ》げん。身体髪膚《しんたいはっぷ》は、これを父母《ふぼ》に受《う》く、敢《あ》えて毀傷《きしょう》せざるは、孝《こう》の始《はじ》めなり。[13]身《み》を立《た》て道《みち》を行《おこな》い、名《な》を後世《こうせい》に揚《あ》げ、以《もっ》て父母《ふぼ》を顕《あらわ》す[14]は、孝《こう》の終《お》わりなり。夫《そ》れ孝《こう》は、親《おや》に事《つか》うるに始《はじ》まり、君《きみ》に事《つか》うるに中《なか》し、[15]身《み》を立《た》つるに終《お》わる。大雅《たいが》[16]に云《い》う、「爾《なんじ》の祖《そ》を無念《おも》いて、[17]厥《そ》の徳《とく》を聿《の》べ[18]脩《おさ》めよ」と。

1 仲尼――孔子(孔丘《こうきゅう》)の字《あざな》。 **2** 居り――くつろいでいる。古文は「間(＝閑)居」に作り、鄭注は講堂に居ることと解する。 **3** 曾子――孔子の弟子、曾參《そうしん》。「子」は男子の美称。 **4** 侍る――尊者の近くでつかえる。古文は「侍坐」に作る。 **5** 子曰わく――「子」は孔子を指す。以下同じ。 **6** 先王――古《いにしえ》の聖王。 **7** 至徳――最上の徳。「徳」は人として価値のある行いや、その行いをする能力のこと。 **8** 要道――要《かなめ》となる(大切な)道。「道」は人々が踏み行うべきもの。 **9** 以て天下を順う――「順」は古文では「訓」に作り、両字は通用する。「教える」の意。御注は如字(その字の通常の用法のまま)に読んで「天下の人々を従わせる」の意に解す。三才章の「以順天下」(二五頁)も同じ。 **10** 席を避けて――師から問われた場合、席から立って答えるのが礼とされる。 **11** 不敏――才能が無い。 **12** 孝は、徳の本なり――「孝」は親や祖先を敬い、よくつかえること。孝を諸徳の本とする考え方については解説参照。

13 身体髪膚は……孝の始めなり――身体保全を孝とする考えについてはまた曾子大孝篇第二章(一四四頁)参照。曾子が臨終の際に自らの身体に傷や欠損がないことを門弟子に示して戒めた言葉、「予《わ》が足を啓《ひら》け、予が手を啓け。詩に云う、戦戦兢兢《せんせんきょうきょう》として、深淵に臨むが如く、薄氷を履《ふ》むが如しと。而今《いま》よりして後、吾れ免るることを知るかな、小子《しょうし》」が『論語』泰伯篇8・3に残されている。**14** 以て父母を顕す――子の栄誉は親の栄誉でもあることが前提とされている。**15** 親に事うるに始まり、君に事うるに中し――「事親」と「事君」の関係については士章(二一頁)参照。親につかえることを通じて、君につかえる力を養い、君によくつかえることを通じてよき名声を得て、父母を顕彰するのである。**16** 大雅――『詩経』の大雅。以下の句は大雅・文王《ぶんのう》篇。**17** 無念いて――「無」は語調を整える助字で意味を持たない。「無念」で「念」に同じ。鄭注は「無」を実字(意味を持つ字)として「無忘(忘るる無し)」の意に解する。**18** 聿べ――「聿」は「述《のべる》」の意。

仲尼《ちゅうじ》(孔子)がくつろいでおられた時、曾子《そうし》がそばで〔坐って〕つかえていた。孔子が言われた、古の聖王はすぐれた徳、大切な道〔である孝〕によって、天下の人々を教え導き、それで民衆は仲よくくらし、上の者も下の者も憎み怨むことがなかったのだが、おまえはこのことを知っているか。曾子は席から離れ、立ちあがって言った、わたくしは不才の身、どうしてこれを知るに足りましょう。孔子は言われた、さて孝とは〔あらゆる〕徳の根本であり、〔すべての〕教えがそこから生まれてくるものだ。もどって坐りたまえ、おまえに話してやろう。〔おまえのこの〕身体、髪や皮膚も〔みな〕父母からいただいたもの、それを〔大切にあつかって〕傷つけたりしないというのが、孝の始めだ。自分の身を〔すぐれた人となるように〕築き上げ〔人の踏むべき〕道を踏み行い、〔そのことによって〕名を後世へととどろかし、そうして父母の名を顕彰するのが、孝の終わりだ。よって孝は親につかえることから始まり、君主につかえることを間にはさんで、〔父母の名を辱めないよう〕自分の身を築き上げることで終わるのだ。『詩経』の〕大雅《たいが》に、「〔つねに〕自分の祖先を思い起こし、そのすぐれた行いを伝え学べ」と言う〔のがこのことだ〕。

天子《てんし》章第二

以下、五章にわたり、天子・諸侯・卿大夫《けいたいふ》・士・庶人《しょじん》の五等の孝が記され、各章名もこれによる。「天子」は天下を統治する者。

子曰、愛親者不敢悪於人、敬親者不敢慢於人。愛敬盡於事親、而徳教加於百姓、刑于四海、蓋天子之孝也。甫刑云、一人有慶、兆民頼之。

子《し》曰《い》わく、親《おや》を愛《あい》する者《もの》[1]は敢《あ》えて人《ひと》を悪《にく》まず、[2]親《おや》を敬《けい》する者《もの》[1]は敢《あ》えて人《ひと》を慢《あなど》らず。[2]愛敬《あいけい》、親《おや》に事《つか》うるに尽《つ》くして、徳教《とくきょう》[3]、百姓《ひゃくせい》[4]に加《くわ》わり、四海《しかい》[5]に刑《のっと》らる、[6]蓋《けだ》し[7]天子《てんし》の孝《こう》なり。[8]甫刑《ほけい》[9]に云《い》う、「一人《いちにん》[10]慶有《けいあ》りて、[11]兆民《ちょうみん》[12]これに頼《たよ》る」と。

1 親を愛する／敬する者――「孝」を「愛」と「敬」に分節して語るのが『孝経』の特徴のひとつ。解説参照。 **2** 人を悪まず／慢らず――孔伝に依る。御注に従えば「人をして（其の親を）悪ましめず／慢らしめず」と読み、「人々にその親を悪み慢らせないようにさせる」の意となる。鄭注は「人」を「人の親」と解する。 **3** 徳教――天子の徳（すぐれた行い）により人々を感化する教え。 **4** 百姓――庶民。 **5** 四海――中国を取り囲むと考えられていた東西南北の四つの海。転じて辺境の異民族（四夷）を指す。 **6** 刑らる――「刑」は「法《のっとる》」の意。鄭注は「（徳教が）見《あらわれる》」の意に解する。 **7** 蓋し――概略を示す。 **8** 親を愛する者……天子の孝なり――『呂氏春秋』孝行覧・孝行篇に重複文が見える。 **9** 甫刑――『尚書』（『書経』）の篇名。古文は今本の『尚書』と同じく「呂刑」に作る。 **10** 一人――天子を指す。 **11** 慶有りて――「慶」は「善」の意。ここでは天子が孝を行うことを言う。 **12** 兆民――「万民」に同じ。「兆」「万」ともに数が多いことをあらわす。

孔子は言われた、〔自分の〕親を愛する人は〔そのことによって人を愛する力が養われるので〕人を憎んだりしなくなるし、〔自分の〕親を敬う人は〔そのことによって人を敬う力が養われるので〕人を軽んじたりしなくなる。〔天子が〕愛や敬を尽くして〔自分の〕親につかえることによって〔人々を愛し敬う力を養い〕、その徳による教えが〔中国全土の〕民衆に加えられ、辺境の人々も〔その教えに〕従うことになるというのが、天子の孝のあらましなのだ。〔『尚書』の〕甫刑《ほけい》篇に、「一人（天子）に善きことありて、万民これを頼りとする」と言う〔のがこのことだ〕。

諸侯《しょこう》章第三

「諸侯」は国を統治する者。

在上不驕、高而不危。制節謹度、満而不溢。高而不危、所以長守貴也。満而不溢、所以長守富也。富貴不離其身、然後能保其社稷、而和其民人、蓋諸侯之孝也。詩云、戦戦兢兢、如臨深淵、如履薄冰。

[1]上《かみ》に在《あ》りて驕《おご》らざれば、高《たか》くして危《あや》うからず。節《せつ》を制《せい》し度《ど》を謹《つつし》めば、満《み》ちて溢《あふ》れず。高《たか》くして危《あや》うからざるは、長《なが》く貴《き》を守《まも》る所以《ゆえん》なり。満《み》ちて溢《あふ》れざるは、長《なが》く富《とみ》を守《まも》る所以《ゆえん》なり。富貴《ふうき》其《そ》の身《み》を離《はな》れず、然《しか》る後《のち》に能《よ》く其《そ》の社稷《しゃしょく》を保《たも》ちて、[2]其《そ》の民人《みんじん》を和《やわ》らぐ、[3]蓋《けだ》し諸侯《しょこう》の孝《こう》なり。詩《し》[4]に云《い》う、「戦戦《せんせん》[5]兢兢《きょうきょう》[6]として、深淵《しんえん》に臨《のぞ》むが如《ごと》く、薄《はく》氷《ひょう》を履《ふ》むが如《ごと》し」と。

1 古文は章首に「子曰」の二字あり。 **2** 社稷を保ちて――「社」は土地の神、「稷」は穀物の神。両者が国家の最も重要な守り神であったことから、その祭りを絶やさないことが、国家の保持を意味した。 **3** 高くして危うからざるは……其の民人を和らぐ――この部分は『呂氏春秋』先識覧・察微篇に「孝經(経)曰」を冠して引用されている。**4** 詩――『詩経』。以下の句は小雅・小旻《しょうびん》篇。**5** 戦戦――おそれるさま。**6** 兢兢――つつしむさま。

人の上に立って〔礼儀をわきまえて〕ほしいままにふるまうことがなければ、高きにあっても危ういことはない。限度を設けて節度を守っていれば、いっぱいになってもあふれることはない。高きにあっても危ういことがないというのが、貴い位を長く守る方法。いっぱいになってもあふれることがないというのが、富める財を長く守る方法。〔その方法により〕富貴をその身に保って、そうして社稷《しゃしょく》の祭りを〔絶やすことなく、国家を〕保持して、その〔国家の〕人々を平和に治めるというのが、諸侯の孝のあらましなのだ。『詩経』に、「深淵に臨むように、薄氷を踏むように、戦戦兢兢とおそれつつしむ」と言う〔のがこのことだ〕。

卿大夫《けいたいふ》章第四

「卿・大夫」は天子・諸侯につかえる上級の官吏。「卿」が上位で、執政の大臣。

非先王之法服不敢服、非先王之法言不敢道、非先王之徳行不敢行。是故非法不言、非道不行。口無擇言、身無擇行。言満天下無口過、行満天下無怨悪。三者備矣、然後能守其宗廟、蓋卿大夫之孝也。詩云、夙夜匪懈、以事一人。

先王《せんおう》[1]の法服《ほうふく》[2]に非《あら》ざれば敢《あ》えて服《ふく》せず、先王《せんおう》の法言《ほうげん》[2]に非《あら》ざれば敢《あ》えて道《い》わず、先王《せんおう》の徳行《とくこう》[2]に非《あら》ざれば敢《あ》えて行《おこな》わず。是《こ》の故《ゆえ》に法《ほう》[3]に非《あら》ざれば言《い》わず、道《みち》に非《あら》ざれば行《おこな》わず。口《くち》に択言《たくげん》[4]無《な》く、身《み》に択行《たくこう》[4]無《な》し。言《げん》、天下《てんか》に満《み》つれども口過《こうか》無《な》く、行《こう》、天下《てんか》に満《み》つれども怨悪《えんお》無《な》し。三者《さんしゃ》備《そな》わり、然《しか》る後《のち》に能《よ》く[5]其《そ》の宗廟《そうびょう》[6]を守《まも》る、蓋《けだ》し卿大夫《けいたいふ》の孝《こう》なり。

詩《し》に云《い》う[7]、「夙夜《しゅくや》懈《おこた》らず[8]、以《もっ》て一人《いちにん》[9]に事《つか》う」と。

1 古文は章首に「子曰」の二字あり。 **2** 先王の法服／法言／徳行――古《いにしえ》の聖王が示した正しい服装、正しい言葉、すぐれた行い。『孟子』告子篇下でも「〔古の聖王である〕堯《ぎょう》の服を服し、堯の言を誦《しょう》し、堯の行を行う」と服・言・行の三者が並列される。**3** 法――規範。**4** 択言／択行――誤った言葉、行為。『尚書』呂刑篇にも「択言の身に在る有ること罔《な》かれ」とあり、王引之がこの「択(擇)」を「斁」の仮借《かしゃ》(発音の近い字で代用したもの)として「敗」の意に解するのに従う。御注は「択」を如字に解して、「択言(行)無し」を、「(常に正しく言い行うので、あれかこれかと)択《えら》ぶべき言行がない」の意とする。**5** 能く――古文は「能」下に「保其祿位而(其の禄位を保ちて)」の五字あり。**6** 宗廟――祖先の神霊を祭るみたまや。**7**『詩経』大雅・烝民《じょうみん》篇。**8** 夙夜――早朝から夜中まで。**9** 一人――自分がつかえる主君を指す。孔伝・鄭注は天子を指すとする。

古の聖王が示した正しい服装でなければ身に付けないし、古の聖王が示した正しい言葉でなければ口に出さないし、古の聖王が示した徳ある行いでなければ行わない。よって、規範にあわないことは言わないし、踏むべき道にはずれることは行わなくて、口に誤った言葉がなく、身に誤った行いがない。その言葉が天下に知れ渡っても失言〔を非難されること〕がなく、その行いが天下に知れ渡っても〔人から〕怨み憎まれることがない。〔正しい服装、正しい言葉、すぐれた行為の〕三者が備わって、そうして宗廟《そうびょう》の祭りを失わないというのが、卿大夫《けいたいふ》の孝のあらましなのだ。『詩経』に、「早朝から夜更けまで怠ることなく、主君におつかえする」と言う〔のがこのことだ〕。

士《し》章第五

「士」は天子・諸侯につかえる下級の官吏。

資於事父以事母而愛同、資於事父以事君而敬同。故母取其愛、而君取其敬、兼之者父也。故以孝事君則忠、以敬事長則順。忠順不失、以事其上、然後能保其祿位、而守其祭祀、蓋士之孝也。詩云、夙興夜寐、無忝爾所生。

[1]父《ちち》に事《つか》うるに資《と》りて[2]以《もっ》て母《はは》に事《つか》えて愛同《あいおな》じ、父《ちち》に事《つか》うるに資《と》りて以《もっ》て君《きみ》に事《つか》えて敬《けい》同《おな》じ。[3]故《ゆえ》に母《はは》には其《そ》の愛《あい》を取《と》りて、君《きみ》には其《そ》の敬《けい》を取《と》る、これを兼《か》ねたるは父《ちち》なり。故《ゆえ》に孝《こう》を以《もっ》て君《きみ》に事《つか》うれば則《すなわ》ち忠《ちゅう》[4]なり、敬《けい》を以《もっ》て[5]長《ちょう》に事《つか》うれば則《すなわ》ち順《じゅん》[6]なり。忠順《ちゅうじゅん》

失《うしな》わず、以《もっ》て其《そ》の上《かみ》[7]に事《つか》え、然《しか》る後《のち》に能《よ》く其《そ》の禄位《ろくい》[8]を保《たも》ちて、其《そ》の祭祀《さいし》[9]を守《まも》る、蓋《けだ》し士《し》の孝《こう》なり。詩《し》に云《い》う[10]、「夙《つと》に興《お》き夜《よわ》に寐《い》ね、爾《なんじ》の所生《しょせい》[11]を忝《はずかし》むること無《な》かれ」と。

1 古文は章首に「子曰」の二字あり。 **2** 資りて――「資」は下文の「取」に同じ。そこから取ってきて、よりどころとする。 **3** 父に事うるに資りて以て母に事えて……敬同じ――この二句は『礼記』喪服四制篇・『大戴礼記』本命篇にも見える。 **4** 忠――相手を思いやるまごころがあること。 **5** 敬を以て――「敬」は父に対する敬。孝の二要素である愛と敬について、上文では母との対比において君に敬が配され（母―愛／君―敬）、ここでは君との対比において長に敬が配される（君―愛／長―敬）。よって、君には愛・敬の両者によってつかえることになり、それ故に、上句で「〔愛・敬を兼ねる〕孝を以て君に事う」と言われる。御注はこの「敬」を兄に対する敬と解し、古文はこれを「弟（＝悌）」に作る。 **6** 順――すなおに人に従うこと。 **7** 其の上――鄭注は天子を指すとする。 **8** 禄位――古文は「爵禄（禄）」に作る。 **9** 祭祀――宗廟で行う祖先（父母を含む）への祭祀。 **10** 『詩経』小雅・小宛《しょうえん》篇。 **11** 爾の所生――そなたを生んだもの。父母を指す。

父につかえる時の気持ちをよりどころとして母につかえる、その相手を愛する気持ちは同じである。父につかえる時の気持ちをよりどころとして主君につかえる、その相手を敬う気持ちは同じである。だから母に〔つかえるに〕はその〔父を〕愛する気持ちにより、主君に〔つかえるに〕はその〔父を〕敬う気持ちによるが、その〔愛と敬の〕両者を兼ねるのは父〔への孝〕なのだ。だから〔父に対する〕孝によって主君につかえれば〔主君を思いやる〕忠となり、〔父に対する〕敬によって年長者につかえれば〔すなおに人に従う〕順となる。この忠と順とを失うことなく上位の者につかえて〔士としての任務を全うし〕、そうして官位と俸禄とを保って、祖先への祭祀を絶やすことがないというのが、士の孝のあらましなのだ。『詩経』に、「朝は早くに起き出し、夜は遅くに床に就いて〔その仕事に精を出し〕、そなたを生んだ父母の名を辱めることなきように〔すぐれた成果をあげる〕」と言う〔のがこのことだ〕。

庶人《しょじん》章第六

「庶人」は庶民・衆人。

用天之道、分地之利、謹身節用、以養父母、此庶人之孝也。故自天子至於庶人、孝無終始、而患不及者、未之有也。

[1]天《てん》の道《みち》を用《もち》い、[2]地《ち》の利《り》を分《わ》かち、[3]身《み》を謹《つつし》み用《よう》を節《せつ》し、以《もっ》て父母《ふぼ》を養《やしな》う、此《こ》れ庶人《しょじん》の孝《こう》なり。[4]故《ゆえ》に天子《てんし》より庶人《しょじん》に至《いた》るまで、孝《こう》に終始無《しゅうしな》くして、患《かん》の及《およ》ばざる者《もの》は、未《いま》だこれ有《あ》らざるなり。[5]

1 古文は章首に「子曰」の二字あり。 **2** 天の道を用い――春夏秋冬の四時《しいじ》のめぐりに従って農作する。古文は「道」を「時」に作る。 **3** 地の利を分かち――土地の適性をみきわめて農作する。 **4** 古文は「故」字の上に「子曰」の二字あり。以下を孝平《こうへい》章第七とする。 **5** 孝に終始無くして……未だこれ有らざるなり――「終始」は開宗明義章（一二頁）に見える孝の終始のこと。「患」はわざわい。「及」はわざわいが身に及ぶこと。鄭注本は「及」の下に「己《おのれ》」の字がある。御注は「終始」を天子（始）から庶人（終）までと解し、「患不及者」を「及ばざるを患《うれ》うる者は」と読んで、「天子・庶人を問わず、〔自分が孝を行うのに力〕及ばないと心配する者などいないのだ」の意に解する。

天の道〔である四時《しいじ》のめぐり〕に従い、土地の適性をみきわめ〔て農作にはげみ〕、慎み深くふるまい〔父母のために〕倹約につとめて、そうして父母を養うのが、庶人の孝なのだ。よって天子より庶人に至るまで、〔親につかえるに始まる〕孝の始めも〔身を立てるに終わる〕孝の終わりも〔行うこと〕なくして、わざわいが〔その身に〕及ばなかった者など、あったためしはないのだ。

三才《さんざい》章第七

天・地・人を「三才」と言う。章名は章中に「天の経」「地の義」「民(人)の行」とあることによる。古文は第八章。

曾子曰、甚哉、孝之大也。子曰、夫孝、天之經也、地之義也、民之行也。天地之經、而民是則之。則天之明、因地之利、以順天下。是以其敎不肅而成、其政不嚴而治。先王見敎之可以化民也。是故先之以博愛、而民莫遺其親。陳之以德義、而民興行。

先之以敬讓、而民不爭。導之以禮樂、而民和睦。示之以好惡、而民知禁。詩云、赫赫師尹、民具爾瞻。

曾子《そうし》曰《い》わく、甚《はなは》だしきかな、孝《こう》の大《だい》なるや。子《し》曰《い》わく、夫《そ》れ孝《こう》は、天《てん》の経《けい》[1]なり、地《ち》の義《ぎ》[2]なり、民《たみ》の行《こう》なり。天地《てんち》の経《けい》にして、民《たみ》は是《こ》れ[3]これに則《のっと》る。天《てん》の明《めい》に則《のっと》り、地《ち》の利《り》に因《よ》り[4]、以《もっ》て天下《てんか》を順《おし》う。是《ここ》を以《もっ》て其《そ》の教《おし》え粛《きび》しからずして成《な》り、其《そ》の政《まつりごと》厳《いつく》しからずして治《おさ》まる。先王《せんおう》は教《おし》えの以《もっ》て民《たみ》を化《か》すべきを見《み》る。是《こ》の故《ゆえ》にこれを先《みちび》くに博愛《はくあい》[5]を以《もっ》てして、民《たみ》其《そ》の親《おや》を遺《わす》るる莫《な》し。これに陳《の》ぶるに徳義《とくぎ》[6]を以《もっ》てして、民《たみ》興《おこ》り行《おこな》う。これを先《みちび》くに敬譲《けいじょう》[7]を以《もっ》てして、民争《たみあらそ》わず。これを導《みちび》くに礼楽《れいがく》[8]を以《もっ》てして、民和《たみわ》睦《ぼく》す。これに示《しめ》すに好悪《こうお》を以《もっ》てして、民禁《たみきん》を知《し》る。詩《し》に云《い》う[9]、「赫赫《かくかく》[10]たる師尹《しいん》[11]、民具《たみみ》な爾《なんじ》を瞻《み》る」と。

1 天の経——「経」はつね、不変の道理。天における日月星辰《じつげつせいしん》のめぐりの恒常性を生み出すみなもととして孝をとらえる。 **2** 地の義——下文の「地の利」に同じ。「義」は「宜《よろしい》」に通じる。地がさまざまな利《よろしきもの》を生み出す力のみなもととして孝をとらえる。**3** 是れ――強意を示す助字。**4** 夫れ孝は……地の利に因り――ほぼ同文が、「孝」を「礼」に置き換えた形で『春秋左氏伝』昭公《しょうこう》二十五年に鄭《てい》の子産《しさん》の言葉として見える。**5** 博愛――父母への愛を基盤として、その愛をひろく人々に推し広めること。**6** 徳義――道徳信義。道義にかなった正しい行い。**7** 敬譲――互いに敬意を示して譲り合うこと。**8** 礼楽――儀式の次第や社会生活におけるきまりを定めた礼と、儀礼に用いられる音楽。**9**『詩経』小雅・節南山《せつなんざん》篇。**10** 赫赫――盛んで明らかなさま。**11** 師尹――周の太師(教育を掌る職)であった尹氏。

曾子は言った、孝とはそんなにも偉大なものだったのですか。孔子は言われた、さても孝とは、天の常〔なるさまをささえるもの〕であり、地のめぐみ〔のもととなるもの〕であり、民の行い〔の根本をなすもの〕なのだ。〔孝が〕天地の不変の道理であるからこそ、民衆はこれに従うのだ。天のかがやき〔である日月星辰のめぐりの恒常性をささえるもの〕に則り、地のめぐみ〔のもととなるもの〕に因って、そうして天下の人々を教え導くのであれば、その教えは厳しくしなくても〔おのずと〕成果を得ることになるし、その政《まつりごと》は厳しくしなくても〔おのずと世は〕治まるのだ。古の聖王は〔このような〕教えが民衆を〔よきものへと〕変えるのを見た。そこで民を博愛によって導いたところ、民は自分の親を大切にするようになり、民に徳義を説い〔て導い〕たところ、民は奮って〔それを〕行うようになり、民を敬譲《けいじょう》によって導いたところ、民は〔互いに〕争わないようになり、民を礼楽によって導いたところ、民は仲よくくらすようになり、民に好悪(好ましいものと憎むべきもの)を示し〔て導い〕たところ、民は禁忌《きんき》を知るようになった。『詩経』に、「明らかで盛んなる太師尹《いん》氏よ、民はみなそなたを〔手本として〕仰ぎ見ておるぞ」と言う〔のがこのことだ〕。

孝治《こうち》章第八

章名は聖王が孝によって天下を治めたようすを論じていることによる。古文は第九章。

子曰、昔者明王之以孝治天下也、不敢遺小國之臣、而況於公侯伯子男乎。故得萬國之懽心、以事其先王。治國者不敢侮於鰥寡、而況於士民乎。故得百姓之懽心、以事其先君。治家者不敢失於臣妾、而況於妻子乎。故得人之懽心、以事其親。夫然故生則親安之、祭則鬼亨之。是以天下和平、災害不生、禍亂不作。故明王之以孝治天下也如此。詩云、有覺德行、四國順之。

子《し》曰《い》わく、昔者《むかし》明王《めいおう》[1]の孝《こう》を以《もっ》て天下《てんか》を治《おさ》むるや、敢《あ》えて小国《しょうこく》の臣《しん》を遺《わす》れず、而《しか》るを況《いわ》んや公《こう》・侯《こう》・伯《はく》・子《し》・男《だん》[2]に於《お》いてをや。故《ゆえ》に万国《ばんこく》の懽心《かんしん》[3]を得《え》て、以《もっ》て其《そ》の先王《せんおう》[4]に事《つか》う。国《くに》を治《おさ》むる者《もの》[5]は敢《あ》えて鰥寡《かんか》を侮《あなど》らず[6]、而《しか》るを況《いわ》んや士《し》・民《みん》に於《お》いてをや。故《ゆえ》に百姓《ひゃくせい》の懽心《かんしん》を得《え》て、以《もっ》て其《そ》の先君《せんくん》に事《つか》う。家《いえ》を治《おさ》むる者《もの》[7]は敢《あ》えて臣妾《しんしょう》[8]を失《うしな》わず、而《しか》るを況《いわ》んや妻子《さいし》に於《お》いてをや。故《ゆえ》に人《ひと》びとの懽心《かんしん》を得《え》て、以《もっ》て其《そ》の親《おや》に事《つか》う。夫《そ》れ然《しか》るが故《ゆえ》に生《い》けるときには則《すなわ》ち親《おや》これに安《やす》んじ、祭《まつ》るときには則《すなわ》ち鬼《き》[9]これを亨《う》く。[10]是《ここ》を以《もっ》て天下和平《てんかわへい》、災害生《さいがいしょう》ぜず、禍乱作《からんおこ》らず。故明王《それめいおう》[11]の孝《こう》を以《もっ》て天下《てんか》を治《おさ》むるや此《か》くの如《ごと》し。詩《し》に云《い》う[12]、「覚《おおい》なる徳行有《とくこうあ》れば[13]、四国《しこく》[14]これに順《したが》う」と。

1 明王——聖明なる王。　**2** 公・侯・伯・子・男——諸侯に与えられる五等の爵位。　**3** 懽心――「歓心」に同じ。古文・鄭注本・開元始注本は「歡(歓)心」に作る。よろこぶ気持ち。 **4** 先王――ここでは先代の王。 **5** 国を治むる者――諸侯を指す。 **6** 敢えて鰥寡を侮らず――年老いて妻がいない者を「鰥《やもお》」、夫がいない者を「寡《やもめ》」と言う。『尚書』康誥篇／無逸篇にも重複句が見える。 **7** 家を治むる者――卿大夫を指す。「家」はその領地のこと。 **8** 臣妾――「臣」は男の、「妾」は女のめしつかい。古文・鄭注本・開元始注本ともに「妾」の下に「之心」の二字あり。 **9** 鬼――死者の神霊《たましい》。 **10** 亨く――「亨」は「享」に通じる。古文・鄭注本・開元始注本は「享」に作る。子孫の祭祀を受け入れること。 **11** 故――「夫」に通じる。発語の助字。 **12** 『詩経』大雅・抑《よく》篇。 **13** 覚なる――「覚」は「大」の意。孔伝は「直《ただしい》」の意に解する。 **14** 四国――四方の国々。

孔子は言われた、昔、明王《めいおう》が孝によって天下を治めるに際しては、公《こう》・侯《こう》・伯《はく》・子《し》・男《だん》〔の五等の諸侯〕はもちろんのこと、小国の臣のことでさえも〔大切にして〕わすれなかった。だから万国〔の諸侯たち〕はよろこんで〔天子の祭祀を助け〕、そうして先代の王〔のみたま〕におつかえしたのだ。国を治める者〔たる諸侯〕は、〔ふつうの〕士や民はもちろんのこと、年老いた独り身の者のことさえも軽んじなかった。だから民衆たちはよろこんで〔諸侯の祭祀を助け〕、そうして先君〔のみたま〕におつかえしたのだ。家を治める者

〔たる卿大夫〕は、妻子はもちろんのこと、男女のめしつかいにも気づかいを欠かさなかった。だから人々はよろこんで〔卿大夫の祭祀を助け〕、そうしてその親〔のみたま〕におつかえしたのだ。さてそのようであったから〔その親が〕生きているときには親はその孝に安んじ、〔没後に親を〕祭るときには〔亡き父母の〕鬼《き》(神霊《たましい》)はその祭祀を受け入れたのだ。だから天下は平安で、災害が生じることなく、禍《わざわ》いや争いも起こることがなかった。さても明王が孝によって天下を治めるようすとは、このようなものであったのだ。『詩経』に、「〔天子に〕大いなる徳行があれば、四方の国々はこれに順《したが》う」と言う〔のがこのことだ〕。

聖治《せいち》章第九

章名は聖人の治を論じていることによる。古文は第十章。「故親生之膝下」より「其所因者本也」までの四十四字(三四頁)は、もと「又何以加於孝乎」(三二頁)の下にあり。旧版が『漢書』芸文志・孝経類に「父母生之、續莫大焉、故親生之膝下」とあるのを根拠に「厚莫重焉」の下に移すのに従う。

曾子曰、敢問、聖人之徳、無以加於孝乎。子曰、天地之性、人爲貴。人之行莫大於孝、孝莫大於嚴父、嚴父莫大於配天、則周公其人也。昔者周公郊祀后稷以配天、宗祀文王於明堂以配上帝。是以四海之内、各以其職來祭。夫聖人之徳、又何以加於孝乎。

曾子《そうし》曰《い》わく、敢《あ》えて問《と》う、聖人《せいじん》[1]の徳《とく》、以《もっ》て孝《こう》に加《くわ》うる無《な》きか。子《し》曰《い》わく、天地《てんち》の性《せい》[2]、人《ひと》を貴《たっと》しと為《な》す。人《ひと》の行《こう》は孝《こう》より大《だい》なるは莫《な》く、孝《こう》は父《ちち》を厳《たっと》くするより大《だい》なるは莫《な》く[3]、父《ちち》を厳《たっと》くするは天《てん》に配《はい》する[4]より大《だい》なるは莫《な》し、則《すなわ》ち周公《しゅうこう》其《そ》[5]の人《ひと》なり。昔者《むかし》周公《しゅうこう》は后稷《こうしょく》[6]を郊祀《こうし》[7]して以《もっ》て天《てん》に配《はい》し、文王《ぶんのう》を明堂《めいどう》[8]に宗祀《そうし》[9]して以《もっ》て上帝《じょうてい》[10]に配《はい》す。是《ここ》を以《もっ》て四海《しかい》の内《うち》、各《おの》おの其《そ》の職《しょく》を以《もっ》て来《きた》り祭《まつ》る[11]。夫《そ》れ聖人《せいじん》の徳《とく》、又《ま》た何《なに》を以《もっ》て孝《こう》に加《くわ》えんや。

1 聖人──理念化された最高の人間。 **2** 天地の性──天地の生み出した万物。「性」は「生」に同じ。 **3** 孝は父を厳くするより大なるは莫く──『孟子』万章篇上にも「孝子の至り、親を尊くするより大なるは莫し」とある。 **4** 天に配する──天を祭るに際して、あわせ祭ること。 **5** 周公──名は旦《たん》、周の文王《ぶんのう》の子、武王の弟。周の礼(諸制度)を定めたとされる。 **6** 后稷──周の始祖。 **7** 郊祀──郊外に築いた円丘で天を祀ること。 **8** 明堂──天子が政治や祭祀を行う宮殿。 **9** 宗祀──明堂で天を祀ること。 **10** 上帝──天帝。天を人格化して言う。御注は天の五方(四方と中央)の神とする。 **11** 各おの其の職を以て来り祭る──諸侯たちが職務に応じて周の祭祀を助けに来ることを言う。すべての諸侯が周に従い、ひとりの反逆者もいないことを示す。

曾子は言った、あえてお尋ねしますが、聖人の徳には孝に付け加えるものはないのでしょうか。孔子は言われた、天地の生み出したものでは、人が〔もっとも〕貴いものだ。人の行いについては孝がもっとも大切で、孝については父を尊厳あるものとするのが最上なのだ。父を尊厳あるものとすることについては〔父を〕天に配して祭ることが最上であるのだが、〔それを行ったのが〕つまりは周公《しゅうこう》この人なのだ。昔、周公は郊外の円丘で天を祀るに際して〔周の始祖の〕后稷《こうしょく》をあわせ祀り、明堂《めいどう》で天帝を祀るに際して〔父の〕文王《ぶんのう》をあわせ祀った。そこで〔その孝に感化されて〕四海の内〔の諸侯たち〕は、それぞれその職務に応じて、その祭祀を助けに来たのだ。〔ならば〕さて聖人の徳に孝よりさらに付け加えるものなど何があろう。

父子之道、天性也、君臣之義也。父母生之、續莫大焉。君親臨之、厚莫重焉。故親生之膝下、以養父母日嚴。聖人因嚴以教敬、因親以教愛。聖人之教、不肅而成、其政不嚴而治、其所因者本也。

父子《ふし》[1]の道《みち》は、天性《てんせい》なり、[2]君臣《くんしん》の義《ぎ》なり。[3]父母《ふぼ》これを生《う》む、続《つづ》くこと焉《これ》[4]より大《だい》なるは莫《な》し。君親《くんしん》[5]これに臨《のぞ》む、厚《あつ》きこと焉《これ》[6]より重《おも》きは莫《な》し。故《ゆえ》に親《した》しみはこれを膝下《しっか》に生《しょう》じ、以《もっ》て父母《ふぼ》を養《やしな》わば日《ひ》びに厳《いっく》しきあり。[7]聖人《せいじん》は厳《いっく》しきに因《よ》りて以《もっ》て敬《けい》を教《おし》え、親《した》しみに因《よ》りて以《もっ》て愛《あい》を教《おし》う。聖人《せいじん》の教《おし》え、粛《きび》しからずして成《な》り、其《そ》の政《まつりごと》厳《いっく》しからずして治《おさ》まるは、[8]其《そ》の因《よ》る所《ところ》の者《もの》、本《もと》[9]なればなり。

1 古文は「父子」上に「子曰」の二字あり。以下を父母《ふぼ》生績《せいせき》章第十一とする。 **2** 天性なり――天が生み出したものであり、自然なものであることを言う。 **3** 君臣の義なり――父子の道《ありかた》には君臣間で守るべき道である「義」が含まれていることを言う。 **4** 続くこと――いのちが受け継がれていくこと。古文は「続(續)」を「績」に作り、孔伝は「功績」の意に解する。 **5** 君親――厳父のこと。君主が臣民を治め導くように子を治め導くものとして、「親」上に「君」字を冠している。鄭注は「君」を君主に解し、「君親《した》しく」と読む。 **6** 厚きこと――教え育てられた恩義が厚いことを言う。 **7** 故に親しみはこれを膝下に生じ、以て父母を養わば日びに厳しきあり――「親」は親を慕う気持ち。「膝下」は父母のひざもとにある幼少の時を言う。「養」は身辺の世話をする。「厳」は尊くかけがえのないものと思う気持ち。古文はこの二句を「是故親生毓之、以養父母曰嚴(是の故に親これを生育し、以て父母を養うを厳と曰う)」に作り、これに従えば「よって父母が子を生み育て、〔子がそれに感謝して〕父母を奉養するのを厳(親を尊ぶ)と言う」の意となる。 **8** 聖人の教え……治まる――「教え」以下は三才章(二六頁)に既出。 **9** 本――人の本性。

父子の〔あるべきありようである〕道は天から生じた〔自然の〕ものであり、〔そこには〕君臣の〔間で守るべき道である〕義も〔おのずから〕含まれている。父母が子を生み育むのであるが、〔いのちの〕つながりについてこれより大きなものはないし、〔君主のごとき〕厳父が子を治め導くのであるが、〔恩義の〕厚さについてこれより重いものはないのだ。であるから〔親を慕う〕親しみの気持ちは〔父母の〕ひざもと〔にある幼少の時〕から生まれるのであり、〔やや長じれば〕父母の身辺の世話をしながら日々に〔親を〕尊ぶ気持ちを養っていくもの〔で、これが人の本性〕なのだ。聖人は〔この親を〕尊ぶ気持ちをもととして〔人々への〕敬《けい》を教え、〔この親を慕う〕親しみの気持ちをもととして〔人々への〕愛を教える。聖人の教えが厳しくしなくても〔人々の〕身に付き、その政《まつりごと》が厳しくしなくても治まるというのは、そのよりどころが人の本性にあるからだ。

故不愛其親而愛他人者、謂之悖德。不敬其親而敬他人者、謂之悖禮。以順則逆、民無則焉。不在於善、而皆在於凶德、雖得之、君子不貴也。君子則不然。言思可道、行思可樂。德義可尊、作事可法、容止可觀、進退可度、以臨其民。是以其民畏而愛之、則而象之。故能成其德教、而行其政令。詩云、淑人君子、其儀不忒。

故《ゆえ》[1]に其《そ》の親《おや》を愛《あい》せずして他人《たにん》[2]を愛《あい》する、これを徳《とく》に悖《もと》ると謂《い》う。其《そ》の親《おや》を敬《けい》せずして他人《たにん》[2]を敬《けい》する、これを礼《れい》に悖《もと》ると謂《い》う。以《もっ》て順《おし》うれば則《すなわ》ち逆《ぎゃく》にして[3]、民《たみ》は則《のっと》る無《な》し。善《ぜん》に在《あ》らずして、皆《み》な凶徳《きょうとく》に在《あ》るときは、之《こころざし》[4]を得《う》と雖《いえど》も、君子《くんし》[5]は貴《たっと》ばざるなり。君子《くんし》は則《すなわ》ち然《しか》らず。言《げん》は道《い》うべきを思《おも》い、行《こう》は楽《たの》しましむべきを思《おも》う。徳義《とくぎ》尊《たっと》ぶべく[6]、作事《さくじ》法《のっと》るべく、容止《ようし》[7]観《み》るべく、進退《しんたい》[8]度《のっと》るべし、以《もっ》て其《そ》の民《たみ》に臨《のぞ》む。是《ここ》を以《もっ》て其《そ》の民《たみ》畏《おそ》れてこれを愛《あい》し、則《のっと》りてこれに象《なら》う。故《ゆえ》に能《よ》く其《そ》の徳教《とくきょう》を成《な》して、其《そ》の政令《せいれい》を行《おこな》う。詩《し》に云《い》う[9]、「淑人《しゅくじん》[10]たる君子《くんし》、其《そ》の儀《ぎ》忒《たが》わず[11]」と。

1 古文は「故」を「子曰」に作り、以下を孝優劣章《こうゆうれつ》第十二とする。 **2** 他人——鄭注本はともに「他人親(他人の親)」に作る。 **3** 以て順うれば則ち逆にして……——「順」は「訓」に通じる。古文は「訓」に作る。「逆」は徳や礼ひいては人の本性にそむくこと。古文は「逆」を「昏」に作り、これに従えば「〔民は道理に〕昏《くら》く」の意となる。御注は「順」を如字に読んで、「〔教えは〕以て〔人の心に〕順《したが》うべきに則ち〔それに〕逆らわば」の意に解する。なお、以下とほぼ同文が、『春秋左氏伝』文公《ぶんこう》十八年に、季文子《きぶんし》が魯《ろ》の宣公《せんこう》を諫《いさ》めた言葉として「以て訓《おし》うれば則ち昏く、民は則る無し。善に度《お》らずして、皆な凶徳に在り」と見える。 **4** 之——

「志」に通じる。古文は「志」に作る。 **5** 君子――徳のあるすぐれた人物。 **6** 徳義尊ぶべく……――以下の四句は『春秋左氏伝』襄公《じょうこう》三十一年で北宮文子《ほくきゅうぶんし》が衛《えい》の襄公に「威儀」について語った言葉に類似する。 **7** 容止――姿かたち。儀式における身のこなし。 **8** 進退――挙措進退。ふるまい全般を言う。 **9** 『詩経』曹風・鳲鳩《しきゅう》篇。 **10** 淑人――「淑」は「善」の意。 **11** 其の儀忒わず――「儀」は威儀。「忒」は「差《たがう》」の意、礼に外れること。

だから自分の親を愛さずに他人を愛するのを、徳にそむく〔行い〕と言い、自分の親を敬わないで他人を敬うのを、礼にそむく〔行い〕と言うのだ。それを〔民に〕教えるのであれば、〔徳や礼ひいては人の本性に〕そむくことになり、民は則るべきものを失ってしまう。〔その行いが〕善に属さずに、いずれも〔善とは反対の〕凶徳に属する場合は、〔そうすることで〕思いがかなうとしても君子はその価値を認めないのだ。君子は違う。言葉は言うに値するかを考え〔てから発し〕、行いは〔人々を〕楽しませることになるかを考え〔てから実行す〕る。〔その〕徳義〔ある正しい行い〕は尊ぶに値し、〔その〕作《な》す事は〔人々が〕法《のっと》るに値し、〔その〕姿かたちは観るに値し、〔その〕ふるまいは〔人々の〕尺度とするに値し、そうして民衆に臨む。だから、その民衆は畏敬して君子を愛し、手本として君子をまねるのだ。だからその徳教は成しとげられ、その〔下す〕政令は〔人々に〕行われるのだ。『詩経』に、「よき人たる君子、そのふるまいは礼に外れることがない」と言う〔のがこのことだ〕。

紀《き》孝行《こうこう》章第十

章名は孝子が親につかえる行いを紀（＝記）していることによる。古文は第十三章。

子曰、孝子之事親也、居則致其敬、養則致其樂、病則致其憂、喪則致其哀、祭則致其嚴。五者備矣、然後能事親。事親者、居上不驕、爲下不亂、在醜不爭。居上而驕則亡、爲下而亂則刑、在醜而爭則兵。三者不除、雖日用三牲之養、猶爲不孝也。

子《し》曰《い》わく、孝子《こうし》の親《おや》に事《つか》うるや、居《お》れば則《すなわ》[1]ち其《そ》の敬《けい》を致《いた》し、養《やしな》えば則《すなわ》[2]ち其《そ》の楽《らく》を致《いた》し、病《やまい》には則《すなわ》ち其《そ》の憂《ゆう》を致《いた》し、喪《も》[3]には則《すなわ》ち其《そ》の哀《あい》を致《いた》し、祭《まつ》[4]りには則《すなわ》ち其《そ》の厳《げん》を致《いた》す。五者《ごしゃ》備《そな》わり、然《しか》る後《のち》に能《よ》く親《おや》に事《つか》う。親《おや》に事《つか》うる者《もの》は、上《かみ》に居《お》りて驕《おご》らず、[5]下《しも》と為《な》りて乱《みだ》れず、[6]醜《しゅう》に在《あ》りて争《あらそ》わず。[7]上《かみ》に居《お》りて驕《おご》れば則《すなわ》ち亡《ほろ》び、下《しも》と為《な》りて乱《みだ》るれば則《すなわ》ち刑《けい》せられ、醜《しゅう》に在《あ》りて争《あらそ》えば則《すなわ》ち兵《へい》せらる。[8]三者《さんしゃ》除《のぞ》かざれば、日《ひ》びに三《さん》牲《せい》[9]の養《よう》を用《もち》うと雖《いえど》も、猶《な》お不孝《ふこう》と為《な》すなり。

1 居れば――「居」は家に居る時の普段の生活。 **2** 養えば――「養」は親に飲食を進めること。 **3** 喪――親を葬り、喪に服すること。 **4** 祭り――亡くなった親の神霊を祭ること。 **5** 上に居りて驕らず――諸侯章（一七頁）参照。『礼記』中庸篇にも「上に居りて驕らず、下と為りて倍《そむ》かず」とある。 **6** 下と為りて乱れず――『論語』学而篇1・2にも「其の人と為りや、孝弟（＝悌）にして上を犯すことを好む者は鮮《すく》なし。上を犯すことを好まずして乱を作《な》すことを好む者は、未だこれ有らざるなり」とある。 **7** 醜に在りて争わず――「醜」は「衆」の意、衆人。『礼記』曲礼上篇にも「凡そ人子たるの礼、……醜夷に在りて争わず」とある。 **8** 兵せらる――刃物などで傷つけられる。「兵」は武器。 **9** 三牲――牛・羊・豕《ぶた》。豪華な食事のこと。

孔子は言われた、孝子が親につかえるにおいては、〔平素、家に〕居る時には敬いのこころを尽くし〔て接し〕、〔飲食を進めて親を〕養う時にはよろこびにあふれ〔た態度立ち回り〕、〔親が〕病の時には〔親を〕心配するこころを尽くし〔て看病し〕、〔親が亡くなって〕喪に服す時には哀しみのこころを尽くし〔て臨み〕、〔亡くなった親の神霊を〕祭る時にはきわめて厳粛にする。〔この〕五つのことが備わって、そこではじめて親につかえることができた〔と言える〕のだ。親につかえる者は上位に就いても思い上がらないし、下位に就いても反乱を起こしたりしないし、人々の間にあっても争ったりしない。上位に就いて思い上がるならば身を亡ぼすことになるし、下位に就いて反乱を起こすならば刑罰を被ることになるし、人々の間にあって争うならば身を傷つけることになる。〔親に心配をかけるこの〕三つのことが除かれないならば、日々に三牲《さんせい》(牛、羊、豚肉を用いたごちそう)で〔親を〕養ったとしても、それでもなお不孝者なのだ。

五《ご》刑《けい》章第十一

章名は冒頭の「五刑」の語による。古文は第十四章。

子曰、五刑之屬三千、而罪莫大於不孝。要君者無上、非聖人者無法、非孝者無親、此大亂之道也。

子《し》曰《い》わく、五《ご》刑《けい》の属《ぞく》は三千《さんぜん》[1]にして、罪《つみ》は不孝《ふこう》より大《だい》なるは莫《な》し。[2]君《きみ》を要《よう》する者《もの》[3]は上《かみ》を無《な》みし、聖人《せいじん》を非《そし》る者《もの》は法《ほう》を無《な》みし、孝《こう》を非《そし》る者《もの》は親《おや》を無《な》みす、此《こ》れ大乱《たいらん》の道《みち》なり。

1 五刑の属は三千――『尚書』呂刑篇に「墨《ぼく》罰(入れ墨の刑)の属は千、劓《ぎ》罰(鼻切りの刑)の属は千、剕《ひ》罰(脚切りの刑)の属は五百、宮罰(去勢の刑)の属は三百、大辟《たいへき》の罰(死刑)、其の属は二百、五刑の属は三千なり」とある。「属」はその刑に当たる罪科を指す。**2** 罪は不孝より大なるは莫し――『呂氏春秋』孝行覧・孝行篇が引く『商書』にも「刑は三百にして、罪は不孝より重きは莫し」とある。**3** 要する――おどして自分の要求を受け入れさせる。

孔子は言われた、五刑に当たる罪の数は三千にものぼるが、不孝より大きな罪は無いのだ。君主をおびやかす者は上位者を無きものにし、聖人を非難する者は〔聖人の定めた礼〕法を無きものにし、孝を非難する者は親を無きものにするが、これら〔三者〕は大乱への道だ。

広要道章《こうようどう》第十二

以下三章は、それぞれ開宗明義章の「要道」「至徳」「揚名」の義を推し広めて説いており、章名もそのことによる。古文は第十五章。

子曰、教民親愛、莫善於孝、教民禮順、莫善於悌。移風易俗、莫善於樂、安上治民、莫善於禮。禮者敬而已矣。故敬其父則子悅、敬其兄則弟悅、敬其君則臣悅。敬一人而千萬人悅、所敬者寡、而悅者衆。此之謂要道也。

子曰《しい》わく、民《たみ》に親愛《しんあい》を教《おし》うるには、孝《こう》より善《よ》きは莫《な》く、民《たみ》に礼順《れいじゅん》を教《おし》うるには、悌《てい》[1]より善《よ》きは莫《な》し。風《ふう》を移《うつ》し俗《ぞく》を易《か》うるには、楽《がく》より善《よ》きは莫《な》く、[2]上《かみ》を安《やす》んじ民《たみ》を治《おさ》むるには、礼《れい》より善《よ》きは莫《な》し。[3]礼《れい》は敬《けい》するのみ。故《ゆえ》に其《そ》の父《ちち》を敬《けい》すれば則《すなわ》ち子《こ》悦《よろこ》び、其《そ》の兄《あに》を敬《けい》すれば則《すなわ》ち弟《おとうと》悦《よろこ》び、其《そ》の君《きみ》を敬《けい》すれば則《すなわ》ち臣《しん》悦《よろこ》ぶ。一人《いちにん》[4]を敬《けい》して千万人《せんばんにん》[5]悦《よろこ》ぶ、敬《けい》する所《ところ》の者《もの》寡《すく》なくして、悦《よろこ》ぶ者《ものおお》衆し。此《こ》れをこれ要道《ようどう》と謂《い》うなり。

1 悌——兄や年長者を敬ってすなおに順《したが》うこと。 **2** 風を移し俗を易うるには、楽より善きは莫く——「風」「俗」は民衆の風習、習俗。音楽は人々のこころに影響を与え、そのならわしをも変化させると考えられている。『礼記』楽記篇にも「楽なる者は……、其れ風を移し俗を易う」とある。 **3** 上を安んじ……礼より善きは莫し——『礼記』経解篇は「孔子曰」を冠してこの二句を引く。 **4** 一人——民を治める者が直接に敬う「父」「兄」「君」を指す。 **5** 千万人——世の中の「子」「弟」「臣」である人々全体を指す。

孔子は言われた、親しみ愛するこころを民に教えるのには、孝が最もすぐれており、礼を行い〔敬意を示して上の者に〕順《したが》うこころを民に教えるのには、悌《てい》が最もすぐれている。

民衆の風俗を変化させるのには、楽《がく》が最もすぐれており、上の者を安泰にし下民《かみん》を治めるのには、礼が最もすぐれている。礼とは〔その形式ではなく〕敬うこころのことだ。だから〔民を治める者が〕自分の父を敬うならば、子〔である人々〕は〔父を敬う道を知って〕よろこび、〔民を治める者が〕自分の兄を敬うならば、弟〔である人々〕は〔兄を敬う道を知って〕よろこび、〔民を治める者が〕自分の君を敬うならば、臣〔である人々〕は〔君を敬う道を知って〕よろこぶのだ。一人〔の父・兄・君〕を敬って千万人〔の子・弟・臣〕がよろこぶのであって、敬う相手は少ないのによろこぶ人々は多い。これを「要道《ようどう》（要《かなめ》となる道）」と言うのだ。

広至《こうし》徳《とく》章第十三

古文は第十六章。

子曰、君子之教以孝也、非家至而日見之也。教以孝、所以敬天下之爲人父者也。教以悌、所以敬天下之爲人兄者也。教以臣、所以敬天下之爲人君者也。詩云、愷悌君子、民之父母。非至德、其孰能順民、如此其大者乎。

子曰《しい》わく、君子《くんし》の教《おし》うるに孝《こう》を以《もっ》てするや、家《いえ》ごとに至《いた》りて日《ひ》ごとにこれを見《しめ》すに非《あら》ざるなり。[1] 教《おし》うるに孝《こう》を以《もっ》てするは、天下《てんか》の人《ひと》の父《ちち》たる者《もの》を敬《けい》する所以《ゆえん》なり。教《おし》うるに悌《てい》を以《もっ》てするは、天下《てんか》の人《ひと》の兄《あに》たる者《もの》を敬《けい》する所以《ゆえん》なり。教《おし》うるに臣《しん》[2]を以《もっ》てするは、天下《てんか》の人《ひと》の君《きみ》たる者《もの》を敬《けい》する所以《ゆえん》なり。詩《し》に云《い》う、[3]「愷悌《がいてい》[4]の君子《くんし》は、民《たみ》の父母《ふぼ》」と。至徳《しとく》に非《あら》ずんば、其《そ》れ孰《たれ》か能《よ》く民《たみ》を順《おし》う[5]ること、此《か》くの如《ごと》く其《そ》れ大《だい》なる者《もの》あらんや。

1 君子の……非ざるなり――個々人に直接に教えるのではなく、自らの徳の力で人々を感化することを言う。『礼記』郷飲酒義篇に「君子の所謂《いわゆる》孝なる者は、家ごとに至りて日ごとにこれを見すに非ざるなり」とほぼ同文が見える。孔伝は「君子」を「先王」に解する。 **2** 臣――臣下としての道。 **3** 『詩経』大雅・泂酌《けいしゃく》篇。 **4** 愷悌――楽しみ和らぐさま。 **5** 順うる――古文は「訓」に作る。

孔子は言われた、〔すぐれた人である〕君子が孝を〔人々に〕教えるに際しては、家々にやってきて日々〔個々人に〕教えるのではない。孝を教えるのは、世界中の父である者を〔その子が〕敬うようにするためなのであり、悌を教えるのは、世界中の兄である者を〔その弟が〕敬うようにするためなのであり、臣〔下としての道〕を教えるのは、世界中の君である者を〔その臣下が〕敬うようにするためなのだ。『詩経』に、「おだやかに〔民を導き〕ましますの君子は、民の父母のよう」と言う〔のがこのことだ〕。至徳〔である孝を身につけた者〕でなければ、いったい誰がこのようにすぐれた形で民衆を教え導けようか。

広揚名章第十四《こうようめい》

古文は第十八章。

子曰、君子之事親孝、故忠可移於君。事兄悌、故順可移於長。居家理、故治可移於官。是以行成於內、而名立於後世矣。

子曰《しい》わく、君子《くんし》の親《おや》に事《つか》うるや孝《こう》、故《ゆえ》に忠《ちゅう》、君《きみ》に移《うつ》すべし。兄《あに》に事《つか》うるや悌《てい》、故《ゆえ》に順《じゅん》、長《ちょう》に移《うつ》すべし。[1]家《いえ》に居《お》りて理《おさ》まる、故《ゆえ》に治《ち》、官《かん》に移《うつ》すべし。是《ここ》を以《もっ》て行《こう》、内《うち》[2]に成《な》りて、名《な》、後世《こうせい》に立《た》つ。

1 君子の……順、長に移すべし——士章(二一頁)参照。 **2** 内——家の内。

孔子は言われた、〔すぐれた人である〕君子は親につかえるのに孝であるから、〔相手を思うまごころである〕忠を君主へと移し行うことができる。兄につかえるのに悌であるから、〔相手にすなおに従う〕順を年長者へと移し行うことができる。家に居ては〔家の内のことがよく〕理《おさ》まっているから、〔人を治める力である〕治を官職の場へと移し行うことができる。だから家の内で〔孝・悌・理の三者の〕行いを成し遂げれば、〔そこで育まれた力がおのずと世の中においても発揮されるので〕その名を後世にとどろかせることになるのだ。

諫争《かんそう》章第十五

章名は君・父を諫めることについて論じていることによる。「争(爭)」は「諍」に同じ。古文・鄭注本は「諍」に作る。古文は第二十章。

曾子曰、若夫慈愛恭敬安親揚名、則聞命矣。敢問、子從父之令、可謂孝乎。子曰、是何言與、是何言與。昔者天子有爭臣七人、雖無道不失天下。諸侯有爭臣五人、雖無道不失其國。大夫有爭臣三人、雖無道不失其家。士有爭友、則身不離於令名。父有爭子、則身不陷於不義。故當不義、則子不可以不爭於父、臣不可以不爭於君。故當不義則爭之。從父之令、又焉得爲孝乎。

曾子《そうし》曰《い》わく、夫《か》の慈愛《じあい》[1]・恭敬《きょうけい》・安親《あんしん》・揚名《ようめい》の若《ごと》きは、則《すなわ》ち命《めい》[2]を聞《き》けり。敢《あ》えて問《と》う、[3]子《こ》、父《ちち》の令《れい》に従《したが》うは、孝《こう》と謂《い》うべきか。子《し》曰《い》わく、是《こ》れ何《なん》の言《い》いぞや、是《こ》れ何《なん》の言《い》いぞや。[4]昔者天子《むかしてんし》に争臣七人《そうしんしちにん》[5]有《あ》るときは、無道《むどう》[6]なりと雖《いえど》も天下《てんか》を失《うしな》わず。諸侯《しょこう》に争《そう》臣五《しんご》人《にん》有《あ》るときは、無道《むどう》なりと雖《いえど》も其《そ》の国《くに》を失《うしな》わず。大夫《たいふ》に争臣三人《そうしんさんにん》有《あ》るときは、無道《むどう》なりと雖《いえど》も其《そ》の家《いえ》を失《うしな》わず。士《し》に争友《そうゆう》[7]有《あ》るときは、則《すなわ》ち身《み》、令名《れいめい》[8]を離《はな》れず。父《ちち》に争子《そうし》有《あ》るときは、則《すなわ》ち身《み》、不義《ふぎ》に陥《おちい》らず。故《ゆえ》に不義《ふぎ》に当《あ》たりては、則《すなわ》ち子《こ》は以《もっ》て父《ちち》を争《いさ》めざるべからず、臣《しん》は以《もっ》て君《きみ》を争《いさ》めざるべからず。故《ゆえ》に不義《ふぎ》に当《あ》たりては則《すなわ》ちこれを争《いさ》む。父《ちち》の令《れい》に従《したが》う、又《ま》た焉《いず》くんぞ孝《こう》と為《な》すを得《え》んや。

1 慈愛――子の親に対する慈愛を言う。曾子大孝篇第一章第六節(一四二頁)参照。**2** 命――教え。**3** 敢えて問う……――『荀子』子道篇に、魯の哀公《あいこう》が孔子に問うた「子、父の命に従うは孝なるか」をめぐる孔子と子貢《しこう》との問答が見えており、以下の部分とよく似た論が展開されている。**4** 是れ何の言いぞや――古文はこの下に「言之不通耶(言の〔道理に〕通ぜざる〔もの〕か)」とある。**5** 争臣――主君を諫める臣下。**6** 無道――道義からはずれた行いをすること。**7** 争友――忠言をしてくれる友人。**8** 令名――善い名声。

曾子は言った、〔親への〕慈愛や恭敬《きょうけい》、親を安んずることや名を揚げることについては、教えをお聞かせいただきました。あえてお尋ねしますが、子が父の言いつけに従うのは、孝と言うことができましょうか。孔子は言われた、なんたることを言うのか、なんたることを。昔、天子に諫言《かんげん》をする臣下が七人もいれば、〔天子の行いが〕道義からはずれた場合でも天下を失うことがなかったし、諸侯に諫言する臣下が五人もいれば、〔諸侯の行いが〕道義からはずれた場合でもその国を失うことがなかったし、大夫に諫言する臣下が三人もいれば、〔大夫の行いが〕道義からはずれた場合でもその領地を失うことがなかったし、士に忠告してくれる友人がいれば、その身から名声が離れていくことはなかったし、父に諫言する子がいるときは、その身が不義に陥ることはなかったのだ。だから〔父や主君の〕不義に対しては、子は父を諫めないわけにはいかず、臣下は主君を諫めないわけにはいかないのだ。よって不義に対しては諫めるものであって、〔ただ〕父の言いつけに従う〔だけ〕ならば、はたまたどうして孝であると言うことができようか。

応感《おうかん》章第十六

章名は明王の孝が天地神明に感応することを論じていることによる。古文は

第十七章。

子曰、昔者明王事父孝、故事天明。事母孝、故事地察。長幼順、故上下治。天地明察、神明彰矣。故雖天子必有尊也、言有父也。必有先也、言有兄也。宗廟致敬、不忘親也。脩身愼行、恐辱先也。宗廟致敬、鬼神著矣。孝悌之至、通於神明、光于四海、無所不通。詩云、自西自東、自南自北、無思不服。

子《し》曰《い》わく、昔者明王《むかしめいおう》は父《ちち》に事《つか》えて孝《こう》[1]なり、故《ゆえ》に天《てん》に事《つか》えて明《あき》[2]らかなり。[3]母《はは》に事《つか》えて[1]孝《こう》なり、故《ゆえ》に地《ち》に事《つか》えて察《あき》[2]らかなり。[3]長幼順《ちょうようしたが》[4]う、故《ゆえ》に上下治《しょうかおさ》まる。天地《てんち》に明察《あきらか》なるときは、神明彰《しんめいあらわ》[5]る。故《ゆえ》に天子《てんし》と雖《いえど》も必《かなら》ず尊《たっと》ぶ有《あ》りとは、父有《ちちあ》るを[6]言《い》うなり。必《かなら》ず先《さき》にする有《あ》[7]りとは、兄有《あにあ》[6]るを言《い》うなり。宗廟《そうびょう》に敬《けい》を致《いた》すは、親《おや》を忘《わす》れざるなり。身《み》を脩《おさ》め行《こう》を愼《つつし》むは、先《せん》[8]を辱《はずかし》めんことを恐《おそ》るるなり。宗廟《そうびょう》に敬《けい》を致《いた》さば、鬼神著《きしんあらわ》[9]る。孝《こう》悌《てい》の至《いた》りは、神明《しんめい》に通《つう》じ、四海《しかい》に光《み》[10]ち、通《つう》ぜざる所無《ところな》し。詩《し》に云《い》[11]う、「西《にし》よりし東《ひがし》よりし、南《みなみ》よりし北《きた》よりして、服《ふく》せざる無《な》し」[12]と。

1 父／母に事えて――主として亡き父母の神霊を宗廟に祭ることを指す。**2** 天／地に事えて――天地を祭ることを言う。**3** 明らかなり／察らかなり――ともに天地の道によく通じていることを言う。父母の神霊を祭ってそれをよろこばせることができる者は、天地を祭るに際してもそれをよろこばせるすべを持つと考えている。**4** 長幼順う――明王が宗族《そうぞく》において長幼の序を守ることを言う。**5** 神明彰る――天地のはたらきをつかさどる神《かみ》である「神明」がこの世に福を降すことを言う。古文は「神明」を「鬼神」に作る。**6** 父／兄有る――孔伝に従い、天子が自らの父に孝を、自らの兄に悌を行うことと解する。御注は「父」「兄」を「諸父《おじ》」「諸兄」と解する。鄭注は「父有る」を「三老」に父事すること、「兄有る」を「五更」に兄事することと解する。天子が父事する「三老」、兄事する「五更」に退任した高官を当て、天子がこれにつかえることによって民衆に孝悌を教えたとされる。**7** 先にする有り――たとえば一族の宴席などにおいては年長者が優先されることになる。**8** 先――祖先。**9** 鬼神著る――祖先の神霊である「鬼神」が子孫に福を降すことを言う。**10** 光ち――「光」は「充《みつる》」の意。**11**『詩経』大雅・文王有声《ぶんのうゆうせい》篇。**12** 服せざる無し――「無」下の「思」字は語調を整える助字。

孔子は言われた、昔、明王《めいおう》(聖明なる王)は孝を尽くして父母につかえて〔その神霊をもよろこばせて〕いたから、天地につかえ〔その神明を祭〕るのに〔天地のこころにかなうすべに〕よく通じていた。〔また明王は宗族《そうぞく》において〕長幼の序を守っていたから、〔人々も感化されて〕上下ともに治まっていた。天地〔の道〕によく通じていて〔天地を祭るのであれば、〕〔天地の〕神明は〔それを嘉納して〕この世に福を降すことになる。それで〔至尊の位にある〕天子であっても必ず尊ぶ人がいるというのは、〔天子の〕父のことを言うのであり、必ず先にゆずる人がいるというのは、〔天子の〕兄のことを言うのである。宗廟で敬をつくして祭るのは、親のことを忘れないということだ。身を修めて慎んで行動するのは、祖先を辱めることを恐れてのことである。宗廟で敬をつくして祭れば〔祖先の〕鬼神は子孫に福を降すことになる。〔このように〕孝悌を極めつくせば、〔天地の〕神明にも通じて、〔そのはたらきが〕四海(世界中)に満ちあふれ、行きわたらないところはないのだ。『詩経』に、「西から東から、南から北から〔来朝して〕、服従しない者はない」と言う〔のがこのことだ〕。

事《じ》君《くん》章第十七

章名は主君に事《つか》えることについて論じていることによる。古文は第二十一章。

子曰、君子之事上也、進思盡忠、退思補過、將順其美、匡救其惡、故上下能相親也。詩云、心乎愛矣、遐不謂矣。中心藏之、何日忘之。

子《し》曰《い》わく、君子《くんし》の上《きみ》[1]に事《つか》うるや、進《すす》みては[2]忠《ちゅう》を尽《つ》くさんことを思《おも》い、退《しりぞ》きては[2]過《か》[3]を補《おぎな》わんことを思《おも》い[4]、其《そ》の美《び》を将順《しょうじゅん》[5]し、其《そ》の悪《あく》を匡救《きょうきゅう》す、故《ゆえ》に上下《しょうか》能《よ》く相《あ》い親《した》しむ。詩《し》に云《い》う[6]、「心《こころ》に愛《あい》す、遐《なん》ぞ謂《つ》げざらん[7]。中心《ちゅうしん》[8]にこれを蔵《ぞう》す、何《いず》れの日《ひ》かこれを忘《わす》れん」と。

1 上――主君を指す。 **2** 進み／退きては――「進」は主君のもとに出ること。「退」は主君のもとから退いて家に帰ること。 **3** 過――主君の過ち。鄭注や開元始注は自分自身の過ちとする。 **4** 進みては……補わんことを思い――この二句は『春秋左氏伝』宣公《せんこう》十二年で晋《しん》の荀《じゅん》林父《りんぼ》の主君への奉仕ぶりを士貞子《していし》(士渥濁《しあくだく》)が語る言葉の内にも見える。 **5** 其の美を将順し……――「将順」は助け従う。「将」は「扶助」の意。御注は「将」を「行《おこなう》」に解する。以下三句は『史記』管晏《かんあん》列伝に「語曰」を冠して引かれる。 **6** 『詩経』小雅・隰桑《しゅうそう》篇。『礼記』表記篇も「子曰く、君に事うるには、諫めんことを欲して、〔君の過ちを〕陳《の》べんことを欲せず」に続けて同じ句を引く。 **7** 遐ぞ謂げざらん――「遐」は「胡《なんぞ》」に通じ、「謂」は「告《つげる》」の意(『礼記』表記篇鄭注)。御注は「遐」を「遠」に解して、「遐《とお》しと謂わず」と読み、「主君から遠くはなれても、〔心は常に主君のもとにあるから〕それを遠いとは言わない」の意に解する。 **8** 中心――「心中」に同じ。

孔子は言われた、〔すぐれた人である〕君子が主君につかえるに際しては、主君のもとに進み出た時には〔主君への〕忠《まごころ》を尽くすことを考え、主君のもとから〔家に〕退いた時には〔自分の配慮が足りなくて主君が犯してしまった〕過ちを補うてだてを考え〔つねに主君のことを心に思い〕、主君の美点についてはそれを助け伸ばして従い、主君の欠点についてはそれを正して〔その難から〕救う。だから〔君臣〕上下ともに相い親しむことになるのだ。『詩経』に「心から〔主君を〕愛しているのであるから、どうして〔主君を助ける諫めの言葉を〕告げないことがあろう。心の中に主君を愛する志を〔つねに〕蔵しているのであるから、どうして主君のことを忘れる日があろう」と言う〔のがこのことだ〕。

喪親《そうしん》章第十八

章名は親の喪《も》に服することについて論じていることによる。古文は第二十二章。

子曰、孝子之喪親也、哭不偯、禮無容、言不文。服美不安、聞樂不樂、食旨不甘、此哀慼之情也。三日而食、教民無以死傷生、毀不滅性、此聖人之政也。喪不過三年、示民有終也。爲之棺椁衣衾而擧之、陳其簠簋而哀慼之、擗踴哭泣、哀以送之、卜其宅兆而安措之。爲之宗廟、以鬼亨之、春秋祭祀、以時思之。生事愛敬、死事哀慼。生民之本盡矣、死生之義備矣、孝子之事親終矣。

子曰《しい》わく、孝子《こうし》の親《おや》に喪《そう》するや、哭《こく》するに偯《い》せず、1 礼《れい》2は容《かたち》無《な》く、言《げん》は文《かざ》らず。美《び》を服《き》るも安《やす》からず、楽《がく》を聞《き》くも楽《たの》しからず、旨《うま》きを食《く》らうも甘《うま》からず、[3]此《こ》れ哀感《あいせき》の情《じょう》なり。三日《さんじつ》にして食《く》らうは、[4]民《たみ》に死《し》を以《もっ》て生《せい》を傷《やぶ》る無《な》く、毀《き》して性《せい》を滅《めっ》せざるを[5]教《おし》う、此《こ》れ聖人《せいじん》の政《せい》[6]なり。喪《そう》、三年《さんねん》に過《す》ぎざるは、[7]民《たみ》に終《お》わり有《あ》るを示《しめ》すなり。これが棺椁衣衾《かんかくいきん》[8]を為《つく》りてこれを挙《あ》げ、[9]其《そ》の簠簋《ほき》[10]を陳《つら》ねてこれを哀感《あいせき》し、擗踊哭泣《へきようこっきゅう》し、[11]哀《かな》しみて以《もっ》てこれを送《おく》り、[12]其《そ》の宅兆《たくちょう》を卜《ぼく》して[13]これを安措《あんそ》[14]す。これが宗廟《そうびょう》を為《つく》り、鬼《き》を以《もっ》てこれを亨《まつ》り、[15]春秋《しゅんじゅう》に祭祀《さいし》し、時《とき》を以《もっ》てこれを思《おも》う。生《い》けるとき事《つか》うるには愛敬《あいけい》し、死《し》せるとき事《つか》うるには哀感《あいせき》す。生民《せいみん》の本《もと》[16]尽《つ》くせり、死生《しせい》の義《ぎ》備《そな》われり、[17]孝子《こうし》の親《おや》に事《つか》うること終《お》われり。

1 哭するに偯せず——「哭」は死を悼んで声をあげて泣く。「偯」は余音を残して泣く。軽い喪における泣き方。『礼記』雑記下篇では、子の曾申《そうしん》の「父母に哭するに常声(決まった泣き声)有るか」の問いに対し、曾子が「中路の嬰児《えいじ》其の母を失わば、何の常声かこれ有らん」と答えている。 **2** 礼——挙措進退の儀節。 **3** 美を服るも……甘からず——『論語』陽貨篇17・21に「夫れ君子の喪に居る、旨きを食らうも甘からず、楽を聞くも楽しからず、居処安からず、故に為さざるなり」とあり、『礼記』問喪篇にも「親始めて死すれば、……痛疾心に在り、故に口は味を甘しとせず、身は美に安んぜず」とある。**4** 三日にして食らう……——親の死後三日間は食事をせず、納棺の後に粥を食べるのが礼の規定。以下三句は『礼記』喪服四制篇・『大戴礼記』本命篇にも重複句が見える。**5** 毀して性を滅せざる——「毀」は哀しんでやせ細る。「性」は生命。親から与えられた身体やいのちを損なうことは最大の不孝のひとつとされる。**6** 政——教化・教育も含んだ政治。古文に従い「正（正制《ただしいさだめ》）」に解しても通じる。**7** 喪、三年に過ぎざるは……——礼の規定では親に対しては三年の喪(足かけ三年の意で、実質的には二年間の喪)に服することになっており、この期間を超えて喪に服することも礼に外れるとされる。以下二句は『礼記』喪服四制篇・『大戴礼記』本命篇にも重複句が見える。**8** 棺椁衣衾——「棺」は内側のひつぎ、「椁」は外側のひつぎ。「衣」は死者に着せる服、「衾」は遺体を覆う布。**9** これを挙げ——遺体を持ち上げてひつぎに納める。**10** 簠簋——ともに穀物を盛る祭器。一説では「簠」は方形、「簋」は円形のもの。埋葬前に遺体を安置する殯《かりもがり》の期間(士の身分の場合は三か月)、この祭器を用いて父母の亡骸に朝夕の食物をささげる。**11** 擗踊哭泣——「擗」は手で胸を打つこと、「踊」は足で地面をつき、跳ねること。ともに哀しみをあらわす。「哭」は声をあげて、「泣」はなみだを流して泣く。**12** これを送り——遺体を墓所に向けて送り出す。**13** 其の宅兆を卜して——「宅」は墓穴、「兆」は墓所。「卜」は占う。士の身分のものは筮竹《ぜいちく》で墓所を占うとされる。鄭注は「其の宅を卜し〔吉〕兆ありて」に読む。**14** 安措――「安置」に同じ。**15** 鬼を以てこれを亨り――「亨」は「享」に通じる。古文・鄭注本・開元始注本は「享」に作る。埋葬以後は肉体を失った鬼(神霊)として親を祭ることになる。**16** 生民の本――人としての本分。**17** 死生の義備われり――死時の喪礼をはさみ、生前も死後も親につかえることを通じて、生死の意義が理解されることを言う。『荀子』礼論篇でも喪礼が「死生の義を明らかにする」ものであるとされる。

孔子は言われた、孝子が親の喪に服するに際しては、哭《な》くのに〔飾って〕声をのばしたりはしないし、礼の儀節に〔飾って〕整った格好をしないし、話をするのに〔言葉を〕飾ったりしない。きれいな服を着ても心は落ち着かない〔から着ない〕し、音楽を聞いても楽しいと感じない〔から聞かない〕し、おいしいものを食べてもその味を感じない〔から食べない〕。これが〔親の死を〕哀しみ悼む気持ちなのだ。〔食事がのどを通らなくても親の死後〕三日にして食事をとると〔いう礼の規定〕は、民に死者〔への哀しみ〕によって生者を傷つけないこと、〔哀しみに〕やせ細ってもそのいのちを失ってはならないことを教えたものであり、これが〔民を正しい道に導く〕聖人のまつりごとというものだ。〔親を失った哀しみは消えることがないのに〕喪に服す期間が三年に限られているのは、民に終わりがあることを示〔して普段の生活に戻ることをうなが〕したものだ。親の棺椁《ひつぎ》や装束を準備して親の遺体を〔ひつぎに〕納め入れ、〔殯《かりもがり》の期間は、朝夕に生前と同じく亡き親に食物をささげるための〕祭器を陳列して〔それを食べてくれる親がもはや亡くなってしまったことを〕深く哀しみ、〔殯の期間が終わると〕胸を打ち、飛び跳ね、哭泣して、哀しみをあらわしながら親の遺体を〔墓所に向けて〕送り出し、墓所を占って〔よい場所を選んで〕親の遺体を安置し、〔祖先のみたまを祭る〕宗廟を作って、鬼(神霊)として親を祭り、〔喪が明けた後も〕春・秋に祭祀して、その時々に親のことを思う。〔親の〕存命中は愛敬の情によってつかえ、〔親の〕没後は哀惜の情によってつかえ〔続けてその身を終え〕る。〔かくしてこそ〕人としての本分を尽くしたことになり、生死の意義をわきまえたことになり、孝子の親につかえるつとめが終わったことになるのだ。

附　閨門《けいもん》章

章名は冒頭の「閨門」二字による。古文は第十九章。今文はこの章を欠く。

子曰、閨門之內、具禮矣乎。嚴親嚴兄。妻子臣妾、猶百姓徒役也。

子曰《しい》わく、閨門《けいもん》[1]の内《うち》、礼《れい》を具《そな》うるかな。親《おや》を厳《たっと》び兄《あに》を厳《たっと》ぶ。妻子《さいし》臣妾《しんしょう》[2]は、猶《な》お百姓《ひゃくせい》徒役《とえき》[3]のごときなり。

1 閨門——寝室の門、転じて家庭を指す。**2** 臣妾——男女のめしつかい。**3** 徒役——公事に使われる人々。

孔子は言われた、家の内にも〔社会で求められる〕礼が備わっているのだ。親を尊び、兄を尊ぶ〔のは君主を尊び、年長者を尊ぶのにつながる〕。妻子は〔天下の〕人民、使用人は〔公共の〕労役者のようなものだ〔と心得てぞんざいにあつかってはならないのだ〕。

曾子

曾子《そうし》立事《りつじ》

以下の篇名に冠せられた「曾子」二字については解説参照。篇名の「立事」の由来は不明であるが、「〔人としてなすべき〕事を立つる」の意であろう。『群書治要』(以下『治要』と略す)、高似孫『子略』、王応麟『漢書芸文志考証』などでは篇名を「修身」とする。

一　曾子曰、君子攻其惡、求其過、彊其所不能、去私欲、從事於義、可謂學矣。

曾子《そうし》曰《い》わく、君子《くんし》[1]は其《そ》の悪《あく》を攻《せ》め[2]、其《そ》の過《あやま》ちを求《もと》め、其《そ》の能《あた》わざる所《ところ》を彊《つと》め[3]、私欲《しよく》を去《さ》り、義《ぎ》[4]に従事《じゅうじ》すれば、学《まな》ぶと謂《い》うべし。

1 君子――すぐれた人物、またすぐれた人物になろうとして努力する者。　**2** 其の悪を攻め――『論語』顔淵篇12・21にも「其の悪を攻めて人の悪を攻むること無し」とある。　**3** 彊め――「彊」は「強」に同じ。 **4** 義――人々のあいだで正しいとされること。

曾子《そうし》は言われた、君子は自分の悪いところを責め、自分の過ちをさがし求め〔ては改め〕、〔まだ〕できていないことは〔できるように〕努力し、〔正しさを見失わせる〕私欲を去り、義《ただしいこと》を行うのを自らに課していくならば、学んでいると評してよいであろう。

二 君子愛日以學、及時以行、難者弗辟、易者弗從、唯義所在、日旦就業、夕而自省*、以歿其身、亦可謂守業矣。

*自省―もと「省」下に「思」字あり。制言中篇の重複文により孫詒讓が削るのに従う。

君子《くんし》は日《ひ》を愛《お》しみて以《もっ》て学《まな》び、時《とき》に及《およ》んで以《もっ》て行《おこな》い、難《かた》き者《もの》は辟《さ》けず[1]、易《やす》き者《もの》は従《したが》わず、唯《た》だ義《ぎ》の在《あ》る所《ところ》、日旦《じったん》に業《ぎょう》に就《つ》き[2]、夕《ゆう》べに自《みずか》ら省《かえり》みて[3]、以《もっ》て其《そ》の身《み》を歿《ぼっ》す、亦《ま》た業《ぎょう》を守《まも》ると謂《い》うべし。

1 辟けず――「辟」は「避」に同じ。『治要』は「避」に作る。 **2** 日旦に業に就き……――

「日旦」は明け方。「業」はわざ、特に学業。以下と同文が制言中篇第七章(一八三頁)にも見える。 **3** 自ら省みて――『論語』学而篇1・4にも「曾子曰わく、吾れ日に三たび吾が身を省みる」とある。

君子は日々を惜しんで学び、しかるべき時に〔その学んだものを〕実行し、難しいことも避けず〔に学び行い〕、易きに流れず、ただ義《ただしい》とされるものだけについて、早朝より学びの業《わざ》に就き、晩には〔それがきちんとできたかどうか〕自ら反省して、そうして一生を終えるならば、これもまた学びの業を守ると評してよいであろう。

三　君子學必由其業、問必以其序。問而不決、承間觀色而復之、雖不說、亦不彊爭也。

君子《くんし》は学《まな》ぶに必《かなら》ず其《そ》の業《ぎょう》[1]に由《よ》り、問《と》うに必《かなら》ず其《そ》の序《じょ》を以《もっ》てす。問《と》いて決《けっ》せざれば、間《かん》を承《う》け色《いろ》を観《み》てこれを復《ふたた》びし、説《と》かずと雖《いえど》も、亦《ま》た彊《し》いて争《あらそ》わざるなり。

1 業――正しい典籍。『礼記』曲礼上篇に「習う所必ず業有り」とある。君子は必ず正しい典籍によって学び、必ず〔問う〕順序をわきまえて質問する。質問してよく分からなかった場合は、先生の時間がある時に様子をうかがってから再び質問し、〔先生が再び〕説明してくれなくても、無理に説明を請うようなことはしない。

四　君子既學之、患其不博也。既博之、患其不習也。既習之、患其不知*也。既知之、患其不能行也。既能行之、貴其能讓也。君子之學、致此五者而已矣。

*不――もと「無」に作る。阮元が『治要』により改めるのに従う。

君子《くんし》は既《すで》にこれを学《まな》べば、其《そ》の博《ひろ》からざるを患《うれ》う。既《すで》にこれを博《ひろ》くすれば、其《そ》の習《なら》わざる[1]を患《うれ》う。既《すで》にこれを習《なら》えば、其《そ》の知《し》らざる[2]を患《うれ》う。既《すで》にこれを知《し》れば、其《そ》の行《おこな》う能《あた》わざるを患《うれ》う。既《すで》に能《よ》くこれを行《おこな》えば、其《そ》の能《よ》く譲《ゆず》るを貴《たっと》ぶ[3]。君子《くんし》の学《がく》は、此《こ》の五者《ごしゃ》を致《いた》すのみ。

1 習わざる――「習」は繰り返し行って習熟する。『論語』学而篇1・1「学びて時にこれを習う」の「習」に同じ。 **2** 知らざる――「知」は理屈や道理を知る。これを知ることによって、すでに学んだこと以外の事態にも対応できるようになる。 **3** 譲るを貴ぶ――『礼記』曲礼上篇にも「博聞強識にして譲る、……これを君子と謂う」とある。

君子はすでに学びの門に入ったならば、まだ広く学んでいないことを憂う。すでに広く学んだならば、それに習熟していないことを憂う。すでに習熟したならば、〔どうして、そうふるまわなければならないかという、その道理を〕知らないことを憂う。すでにその道理を知ったならば、それを〔現実において適宜に〕実践できないことを憂う。すでに実践できたならば、〔それを鼻にかけずに〕へりくだることができるのを尊ぶ。君子の学問とは、この五者を究めることに尽きるのだ。

五

君子博學而孱守之、微言而篤行之。行必先人、言必後人。君子終身守此悒悒。

君子《くんし》は博《ひろ》く学《まな》びて孱《せま》くこれを守《まも》り、1微《すこ》しく言《い》いて篤《あつ》くこれを行《おこな》う。2行《こう》は必《かなら》ず人《ひと》に先《さき》んじ、言《げん》は必《かなら》ず人《ひと》に後《おく》る。[3] 君子《くんし》は終身此《しゅうしんこ》れを守《まも》りて悒悒《ゆうゆう》たり。[4]

1 孱くこれを守り——むやみに専門を広げずに、領域を絞って、そこで力を発揮する。『荀子』王覇篇にも孔子の言葉として「知者の知、固《もと》より以て多し、有(=又)た以て少なきを守る、能く察する無からんか」とある。 **2** 微しく言いて篤くこれを行う——徐幹『中論』貴験篇にも孔子の言葉として「人の己を信ぜんことを欲すれば、則ち微しく言いて篤くこれを行う」とある。 **3** 行は必ず……人に後る——『論語』にも「君子は言に訥《とつ》にして、行に敏ならんと欲す」(里仁篇4・24)、「事に敏にして言に慎む」(学而篇1・14)等とある。 **4** 悒悒——心がふさいで安らかでないさま。

君子は広く学ぶが狭く〔絞った専門を〕守り、言葉はひかえめにして〔言ったことは〕きっちりと行う。行動は必ず人に先んじ、言葉は必ず人に後れる〔ようにして、でしゃばらない〕。君子は〔心を引き締めて〕安んずることなく生涯このことを守るのだ。

六 行無求數有名、事無求數有成。身言之、後人揚之、身行之、後人秉之。君子終身守此憚憚。

行《こう》は数《すみ》やかに名有《なあ》るを求《もと》むること無《な》かれ、1 事《こと》は数《すみ》やかに成《な》る有《あ》るを求《もと》むること無《な》かれ。1 身《みずか》らこれを言《い》いて、後人《こうじん》これを揚《ほ》め、身《みずか》らこれを行《おこな》いて、後人《こうじん》これを秉《と》る。君《くん》子《し》は終身此《しゅうしんこ》れを守《まも》りて憚憚《たんたん》2たり。

1 数やかに名有る／成る有るを求むること無かれ――「数」の音はソク、「速」に同じ。『論語』子路篇13・17にも「速《すみ》やかならんと欲すること毋《な》かれ、……速やかならんと欲すれば則ち達せず」とある。 **2** 憚憚――憂えおそれるさま。

行いについては、それがすぐに名声につながることを期待してはいけない。事業については、それがすぐに完成することを期待してはいけない。自分の言ったことは、後世の人がそれを称賛し、自分の行ったことは、後世の人がそれを執り守る〔ようでなければならぬ〕。君子はおそれ慎んで生涯このことを守るのだ。

七 君子不絶小、不殄微也。行自微也、不微人。人知之則願也、人不知、苟吾自知也。君子終身守此勿勿也。

君子《くんし》は小《しょう》を絶《た》たず、微《び》を殄《た》たず。[1] 行《おこな》いは自《みずか》ら微《び》として、人《ひと》を微《び》とせず。人《ひと》のこれを知《し》るは則《すなわ》ち願《ねが》わしきも、人《ひと》知《し》らざれば、苟《た》だ吾《わ》れ自《みずか》ら知《し》るのみ。[2] 君子《くんし》は終身《しゅうしん》此《こ》れを守《まも》りて勿勿《ぶつぶつ》[3]たり。

1 小を絶たず、微を殄たず――「小」「微」は他者の微小な善のこと。「殄」も「絶」の意。 **2** 苟だ吾れ自ら知るのみ――ただ自分だけは自分のことをわかっている。「苟」は「但《ただ》」の意(武内説)。『論語』にも「人知らずして慍《うら》みず」(学而篇1・1)、「人の己を知らざることを病《うれ》えず」(衛霊公篇15・19)等とある。 **3** 勿勿――「忽忽」に同じ(王引之説)。思い悩むさま。

君子は〔人の〕微小な善も踏みつぶさない。自分の善行は些細なこととして〔取り上げず〕、人の善行は些細なこととしない〔で取り上げる〕。人が理解してくれるのは願わしいが、理解してくれなくても、ただ自分だけは自分のことをわかっている〔として満足する〕。君子は心を労して生涯このことを守るのだ。

八 君子禍之爲患、辱之爲畏。見善恐不得與焉、見不善*恐其及己也。是故君子疑以終身。

＊不善――もと「善」下に「者」字あり。王念孫に従い削る。

君子《くんし》は禍《か》をこれ患《かん》と為《な》し、1辱《じょく》をこれ畏《い》と為《な》す。1善《ぜん》を見《み》れば与《あずか》るを得《え》ざるを恐《おそ》れ、不《ふ》善《ぜん》を見《み》れば其《そ》の己《おのれ》に及《およ》ぶを恐《おそ》る。2是《こ》の故《ゆえ》に君子《くんし》は疑《おそ》れて以《も》3て身《み》を終《お》う。

1 禍をこれ患と為し／辱をこれ畏と為す――「患禍（禍を患《うれ》う）」「畏辱（辱を畏《おそ》る）」の倒置的表現。**2** 善を見れば……己に及ぶを恐る――『論語』季氏篇16・11にも「善を見ては及ばざるが如くし、不善を見ては湯を探るが如くす」とある。**3** 疑れて――「疑」も「恐」の意（戴礼説）。

君子は禍《わざわ》いが降りかからぬよう配慮し、辱めを受けぬようおそれ慎む。善を見ればそれに関与できないことを恐れ、不善を見ればそれが身に及ぶことを恐れる。だから君子はおそれ慎んで一生を過ごすのだ。

九　君子見利思辱、見難*思詬、嗜慾思恥、忿怒思患。君子終身守此戰戰也。

*難――もと「惡」に作る。『治要』により改める。

君子《くんし》、利《り》を見《み》ては辱《はじ》を思《おも》い、難《なん》を見《み》ては詬《はじ》を思《おも》い[1]、嗜慾《しよく》には恥《はじ》を思《おも》い、忿怒《ふんぬ》には患《かん》を思《おも》う[2]。君子《くんし》は終身《しゅうしんこ》此《こ》れを守《まも》りて戰戰《せんせん》[3]たり。

1 利を見ては辱を思い、難を見ては詬を思い――「詬」は人からの非難の言葉によって受けるはじ。『論語』憲問篇14・13にも「利を見ては義を思い、危うきを見ては命《いのち》を授く」とある。2 忿怒には患を思う――『論語』季氏篇16・10にも「忿《いか》りには難を思う」とある。3 戦戦――おそれるさま。『孝経』諸侯章の引詩（一七頁）参照。

君子は利益を目の前にした時には、〔それを貪ることで受ける〕辱《はじ》に思いを致し、危難を目の前にした時には、〔それから逃げることで受ける〕詬《はじ》に思いを致し、欲望が湧いてきた時には、〔それに従うことで受ける〕恥に思いを致し、忿怒の情が湧き上がってきた時には、〔それに流されて行動することで受ける〕患《わざわい》に思いを致す。君子はおそれ慎んで生涯このことを守るのだ。

一〇　君子慮勝氣、思而後動、論而後行。行必思言之、言之必思復之、思復之必思無悔言、亦可謂愼矣。

君子《くんし》は気《き》[1]に勝《か》たんことを慮《おも》い、思《おも》いて後《のち》に動《うご》き、論《ろん》じて後《のち》に行《おこな》う。行《おこな》えば必《かなら》ずこれを言《い》わんことを思《おも》い[2]、これを言《い》えば必《かなら》ずこれを復《ふく》せんことを思《おも》い[3]、これを復《ふく》せんことを思《おも》えば必《かなら》ず悔言《かいげん》[4]無《な》からんことを思《おも》う、亦《ま》た慎《つつし》むと謂《い》うべし。

1 気――血気、内から湧き上がる衝動。 **2** 行えば必ずこれを言わんことを思い――『礼記』緇衣篇にも「行うべくして言うべからざれば、君子は行わず」とある。 **3** これを復せんことを思い――「復」は繰り返す。『春秋左氏伝』襄公《じょうこう》二十五年にも「君子の行は、其の終わりを思い、其の復せんことを思う」とある。 **4** 悔言――後悔の言葉。

君子は〔内から湧き上がる〕血気〔の衝動〕に打ち勝とうとして、思慮して後に行動し、〔それが適切であるかを〕論定して後にことを行う。ことを行う場合には〔後に人に〕それを言えるかどうかを考え、ものを言う場合にはそれを繰り返せるかどうかを考え、繰り返すことを考えた場合には、それで後悔することがないかを考える。このようであればまた〔言行に〕慎むと評してよいであろう。

一一　人信其言、従之以行。人信其行、従之以復。復宜其類、類宜其年、亦可謂外内合矣。

人其《ひとそ》の言《げん》を信《しん》ずるは、これに従《したが》うに行《こう》を以《もっ》てすればなり。人其《ひとそ》の行《こう》を信《しん》ずるは、これに従《したが》うに復《ふく》を以《もっ》てすればなり。復《ふく》すれば其《そ》の類《るい》に宜《よろ》しく、[1] 類《るい》すれば其《そ》の年《ねん》に宜《よろ》し、[2] 亦《ま》た外内合《がいないがっ》すと謂《い》うべし。[3]

1 其の類に宜しく――「類」は行為の型としての類。反復される行動が一貫性を持っているから、そこに類としてのまとまりが認められるのである。 **2** 其の年に宜し――「年」は不詳。「年」を「言」に作るテキストもある。阮元等が「長年行うことができるもの」とするのに従っておく。 **3** 外内合すと謂うべし――「外内」が何を指すのかは不詳。阮元が「行は内、言は外」とするのに従っておく。その言葉や行為がともに一貫性を持っているから、両者を一体化させることができるのである。

他人がその言葉を信頼するのは、その言葉の後に行動がともなうからだ。他人がその行動を信頼するのは、その後もそれが繰り返されるからだ。繰り返される行動が〔行為の型としての〕類をなすにふさわしく、その類〔をなす行為〕が長年行うにふさわしいようであれば、これもまた外〔なる言葉〕と内〔なる行為〕とが一体化していると評してよいであろう。

一二　君子疑則不言、未問則不言、兩問則不行其難者。道遠日益矣。*

＊道遠日益矣――もとこの句なし。『荀子』大略篇に「君子疑則不言、未問則不言、道遠日益矣」とあり、楊倞《ようりょう》注の「此の語、曾子に出ず」により汪中が補うのに従う。この五字は底本では本篇第二十二章（八七頁）に入り込んでおり、「矣」を「云」に作る。

君子《くんし》は疑《うたが》わしければ則《すなわ》ち言《い》わず、[1] 未《いま》だ問《と》われざれば則《すなわ》ち言《い》わず、両《ふた》つながら問《と》わるれば則《すなわ》ち其《そ》の難《かた》き者《もの》を行《おこな》わしめず。[2] 道《みち》は遠《とお》きも日《ひ》びに益《ま》すのみ。

1 疑わしければ則ち言わず――『論語』為政篇2・18にも「多く聞きて疑わしきを闕《か》き、慎みて其の余りを言う」とある。 **2** 其の難き者を行わしめず――解決しやすい問題から取り組ませるということ。『礼記』学記篇にも「善く問う者は堅木《けんぼく》を攻むるが如し、其の易き者を先にして、其の〔堅い〕節目を後にす」とある。

君子は疑わしいことは人に告げない。問われなければ〔こちらから〕答えることはしない。二つのことを問われた場合は、〔易しい方を優先して答えて〕難しい方から取り組ませることはしない。〔そうしていけば〕道は遠くとも日々〔少しずつ〕前へと進んでいくのだ。

一三 君子患難除之、財色遠之、流言滅之。禍之所由生、自孅孅也。是故君子夙絶之。

君子《くんし》、患難《かんなん》はこれを除《のぞ》き、財色《ざいしょく》はこれを遠《とお》ざけ、流言《りゅうげん》はこれを滅《ほろ》ぼす。[1] 禍《か》の由《よ》りて生《しょう》ずる所《ところ》は、孅孅《せんせん》[2]よりす。是《こ》の故《ゆえ》に君子《くんし》は夙《つと》にこれを絶《た》つ。[3]

1 流言はこれを滅ぼす――『荀子』大略篇にも「流丸は甌臾《くぼみ》に止まり、流言は知者に止まる」とある。 **2** 孅孅――微小なもの。「孅」は纖細の「纖」に同じ。 **3** 本章は最初の一句を除いて『荀子』大略篇に重複文が見える。

君子は〔身に降りかかる〕災難〔の種〕を取り除き、財貨や色事を遠ざけ、根拠のない言葉をつみ取る。禍《わざわ》いは些細なことから生じてくるもの。だから、君子はそれを早期に断ち切るのだ。

一四　君子己善、亦樂人之善也、己能、亦樂人之能也。己雖不能、亦不以援人。

君子《くんし》は己《おのれ》善《ぜん》にして、亦《ま》た人《ひと》の善《ぜん》を楽《たの》しむ、己《おのれ》能《よ》くして、亦《ま》た人《ひと》の能《よ》くするを楽《たの》しむ。己《おのれ》能《あた》わずと雖《いえど》も、亦《ま》た以《もっ》て人《ひと》を援《いか》らず。[1]

1　援らず――「援」は「慍《いかる》」に通じる（兪樾説）。

君子は自分がすぐれていて、人もまたすぐれるのを楽しみ、自分ができて、人もまたできるのを楽しむ。自分ができないからといって、〔できる人を妬んでその〕人にむっと腹を立てたりしない。

一五　君子好人之爲善而弗趣也、惡人之爲不善而弗疾也。疾其過而不補也、飾其美而不伐也。伐則不益、補則不改矣。

君子《くんし》は人《ひと》の善《ぜん》を為《な》すを好《この》むも趣《せか》さず、[1] 人《ひと》の不善《ふぜん》を為《な》すを悪《い》むも疾《にく》まず。[2] 其《そ》の過《か》を疾《にく》むも補《つくろ》わず、[3] 其《そ》の美《び》を飾《かざ》りて伐《ほこ》らず。[4] 伐《ほこ》れば則《すなわ》ち益《ま》さず、補《つくろ》えば則《すなわ》ち改《あらた》めず。[5]

1 趣さず――「趣」の音はソク、催促の「促」に同じ。 **2** 不善を為すを悪むも疾まず――「疾」は強く憎むこと。『論語』泰伯篇8・10にも「人にして不仁なる、これを疾むこと已甚《はなは》だしきは、乱なり」とある。 **3** 其の過を疾むも補わず――「補」は取り繕うこと。『論語』子張篇19・8では「小人の過つや、必ず文《かざ》る」と言われる。 **4** 其の美を飾りて伐らず――『論語』公冶長篇5・26にも「願わくは善に伐ること無けん」とある。 **5** 改めず――『論語』衛霊公篇15・30にも「過ちて改めざる、是れを過ちと謂う」とある。

君子は人が善を行うのを好むが、〔それを人に〕無理強いすることはしない。人が不善を行うのを憎むが、〔その不善に対して〕憎悪をむき出しにすることはない。自分の過ちは強く憎むが、〔犯してしまった過ちを〕取り繕うことはせず、自分の美は〔より美しく〕飾る〔ようにつとめる〕が、それを誇ることはない。誇ればさらに励むことがなくなるし、取り繕えば〔過ちを〕改めることがなくなるからだ。

一六　君子不先人以惡、不疑人以不信。不說人之過、成人之美。存往者、在來者、朝有過夕改則與之、夕有過朝改則與之。

君子《くんし》は人《ひと》に先《さき》んずるに悪《あく》を以《もっ》てせず、人《ひと》を疑《うたが》うに不信《ふしん》を以《もっ》てせず。[1] 人《ひと》の過《か》を説《と》かずして、人《ひと》の美《び》を成《な》す。[2] 往者《おうしゃ》も存《さっ》し、[3] 来者《らいしゃ》も在《さっ》し、[3] 朝《あした》に過《あやま》ち有《あ》るも夕《ゆう》べに改《あらた》むれば則《すなわ》ちこれを与《ゆる》し、夕《ゆう》べに過《あやま》ち有《あ》るも朝《あした》に改《あらた》むれば則《すなわ》ちこれを与《ゆる》す。[4]

1 人に先んずるに……不信を以てせず——『論語』憲問篇14・33にも「詐《いつわ》りを逆《むか》えず、不信を億《おもんぱか》らず」とある。 **2** 人の過を説かずして、人の美を成す——『論語』顔淵篇12・16にも「君子は人の美を成し、人の悪を成さず」とある。 **3** 存し／在し——不詳。孔広森が『爾雅《じが》』釈詁下の訓により、「存」「在」ともに「察」の意であるとするのに従っておく。 **4** 朝に過ち有るも……これを与す——『論語』学而篇1・8／子罕篇9・25にも「過てば則ち改むるに憚《はばか》ること勿《な》かれ」とある。

君子は他人に対して悪人であるとの先入観を抱かないし、ウソではないかと頭から人を疑うこともしない。人の過ちを言いふらさず、人の良いところを伸ばしてやる。これまでのことをもこれからのこともよく見て、朝に過ちを犯しても晩に改めるようであればそれを許し、晩に過ちを犯しても朝に改めるようであればそれを許す。

一七 君子義則有常、善則有鄰。見其一、冀其二、見其小、冀其大。苟有徳焉、亦不求盈於人也。

君子《くんし》は義《ぎ》なるが則《ゆえ》に[1]常有《つねあ》り、善《ぜん》なるが則《ゆえ》に隣有《となりあ》り。[2]其《そ》の一《いつ》を見《み》ては、其《そ》の二《に》を冀《こいねが》い、其《そ》の小《しょう》を見《み》ては、其《そ》の大《だい》を冀《こいねが》う。[3]苟《いやし》くも徳有《とくあ》れば、亦《ま》た盈《み》つるを人《ひと》に求《もと》めず。[4]

1 則に——因果関係を示す。 **2** 善なるが則に隣有り——『論語』里仁篇4・25にも「徳は孤ならず、必ず隣有り」とある。 **3** 其の一を……大を冀う——「一」「二」「小」「大」はいずれも善行もしくは徳行について言う。**4**　盈つるを人に求めず――「盈」は、その行為がすべて徳行で満たされていること。『論語』微子篇18・10にも「備わるを一人に求むること無かれ」とある。

君子は、義を行うから〔行動に〕一貫性があり、善を行うから仲間がいて孤立しない。人が一つの徳行を行うのを見ては、それが二つに増えることを願い、人が小さな徳行を行うのを見ては、それが大きな徳行となるのを願う。〔そう願いはするが〕かりにも徳行がありさえすれば〔それでよしとして〕、あらゆる場合に常に徳行を行うことを人に強いたりはしない。

一八　君子不絶人之歡、不盡人之禮。來者不豫、往者不嗔*也。去之不謗、就之不賂、亦可謂忠矣。

*嗔――もと「愼」に作る。戴震に従い改める。

君子《くんし》は人《ひと》の歓《かん》を絶《た》たず、人《ひと》の礼《れい》を尽《つ》くさず。[1]来《きた》るも豫《よろこ》ばず、往《ゆ》くも嗔《いか》らず。[2]これを去《さ》るに謗《そし》らず、これに就《つ》くに賂《まいない》せず[3]、亦《ま》た忠《ちゅう》[4]と謂《い》うべし。

1 君子は……尽くさず——『礼記』曲礼上篇にも「君子は人の歓を尽くさず、人の忠を竭《つ》くさずして、以て交わりを全くす」とある。 **2** 来るも……嗔らず——他人が去来した場合を言う。『孟子』尽心篇下にも「往く者は追わず、来る者は拒まず」とある。 **3** これを去るに……賂せず——自分が去就する場合を言う。 **4** 忠——まごころ。ここでは、人との交際においてまごころがあること。「忠」は君臣関係に限定されない。

君子は人の歓待を〔むげに〕断ることはしないし、人に〔歓待の〕礼を尽くさせることもしない。〔人が自分のところに〕やってきたからといって〔むやみに〕よろこぶこともないし、〔人が自分のところから〕去っていったからといって〔むやみに〕怒ることもない。〔人のもとを〕去るときに捨て台詞を投げつけることもないし、贈り物によって人に〔取り入って〕近づくこともしない。このようであればまた「忠」と評してよいであろう。

一九　君子恭而不難、安而不舒、遜而不諂、寛而不縦、恵而不倹、直而不徑、亦可謂知矣。

君子《くんし》は恭《うやうや》しけれども難《おそ》れず、[1] 安《やす》らかなれども舒《おそ》からず、遜《へりくだ》れども諂《へつら》わず、寛《おお》らかなれども縦《ほしいまま》ならず、恵《さかし》けれども倹《よこしま》ならず、[2] 直《なお》けれども径《ゆきす》ぎず、[3] 亦《ま》た知《ち》[4]と謂《い》うべし。

1 難れず――「難」は「戁《おそれる》」に読む（王引之説）。『荀子』君道篇にも同じ句が見える。**2** 恵けれども倹ならず――「恵」は「慧」に、「倹」は「険」に読む。「険」は「陂険《よこしま》」の意（王引之説）。**3** 直けれども径ぎず――「径」は思ったままに突き進むこと。『礼記』檀弓下篇にも「直情にして径行する者有るは、戎狄《じゅうてき》の道なり」とある。**4** 知――態度の中庸をわきまえていることが「知」と評されている。

君子はうやうやしいが、びくびくしてはいない。ゆったりとしているが、だらだらしてはいない。〔人に〕へりくだるが、へこへこしたりはしない。おおらかであるが、野放図ではない。頭の回転は速いが、ずる賢くはない。一本気ではあるが、むやみに突き進まない。このようであればまた「知」と評してよいであろう。

二〇　君子入人之國、不稱其諱、不犯其禁、不服華色之服、不稱懼惕之言。故曰、與其奢也、寧儉。與其倨也、寧句。可言而不信、寧無言也。

君子《くんし》は人《ひと》の国《くに》に入《い》れば、其《そ》の諱《いみな》を称《しょう》せず、其《そ》の禁《きん》を犯《おか》さず、[1]華色《かしょく》の服《ふく》を服《き》ず、懼惕《くてき》の言《げん》[2]を称《しょう》せず。故《ゆえ》に曰《い》わく、「其《そ》の奢《おご》らんよりは、寧《むし》ろ倹《けん》せよ。[3]其《そ》の倨《きょ》ならんよりは、寧《むし》ろ句《こう》せよ。[4]言《い》うべくして信《しん》ぜられざれば、寧《むし》ろ言《い》うこと無《な》かれ」と。

1 其の諱を称せず、其の禁を犯さず――「諱」はいみな、本名。国君の諱を用いてはならなかった。『礼記』曲礼上篇にも「竟(=境)に入りては禁を問い、……門に入りては諱を問う」とある。 **2** 懼惕の言――それを言うことで生じる危難を恐れなければならないような言葉。「懼」「惕」ともに、「おそれる」の意。 **3** 其の奢らんよりは、寧ろ倹せよ――『論語』八佾篇3・4にも「礼は其の奢らんよりは、寧ろ倹せよ」とある。 **4** 其の倨ならんよりは、寧ろ句せよ――「倨」は鈍角、「句」は鋭角のことで、それぞれ倨傲《きょごう》と卑屈を意味する(孔広森説)。

君子が他国に足を踏み入れる場合には、その国の君主の諱《いみな》を言わないし、その国の禁令を犯さない。華美な服装をせず、〔その国の禁忌に触れる〕危険な言葉を発しない。だから言うのだ、「贅沢であるよりは、むしろ倹約であれ。人に傲慢であるよりは、むしろ自分を屈せよ。口には出せても人から信頼されない〔話をするぐらい〕ならば、むしろ口をつぐめ」と。

二一　君子終日言、不在尤之中。小人一言、終身爲罪。

君子《くんし》は終日《しゅうじつ》言いて、尤《とが》めの中《うち》に在《あ》らず。[1]小人《しょうじん》は一言《いちげん》して、終身《しゅうしん》罪《つみ》と為《な》る。

1 終日言いて、尤めの中に在らず——『孝経』卿大夫章(一九頁)にも「言、天下に満つれども口過無し」とある。

君子は終日話をしても、〔話した事柄について〕非難されることはないが、小人《しょうじん》はたった一言《ひとこと》で、終身の罪を得たりするのだ。

二二　君子亂言弗殖、*神言弗致、*衆言弗主、*虚言弗與、*人言不信不和。

＊亂言——もと「言」下に「而」字あり。汪中等に従い削る。　＊弗致——もと「致」下に

「也」字あり。王引之に従い削る。＊衆言——もと「衆」上に「道遠日益云」五字あり。本篇第十二章の校語(七七頁)参照。また、もと「言」を「信」に作る。兪樾等に従い改める。＊虚——もと「靈」に作る。諸説あるが、孫詒讓に従い「虚」に改める。

君子《くんし》、乱言《らんげん》は殖《ふや》さず、神言《しんげん》は致《いた》さず、[1]衆言《しゅうげん》は主《しゅ》とせず、虚言《きょげん》は与《くみ》せず、人言《じんげん》は信《しん》ならざれば和《わ》せず。

1 乱言は殖さず、神言は致さず——『論語』述而篇7・20にも「子、怪力乱神を語らず」とある。

君子は背徳の言を広めない。神異の言を伝えない。多数の意見を〔そのまま鵜呑みにして〕重んじたりない。裏付けのない言葉に賛同しない。人の言うことは信ずるに足るのでなければ同調しない。

二三 君子不唱流言、不析辭、＊不陳人以其所能。言必有主、行必有法、親人必有方。

＊析辭——もと「析」を「折」に作る。旧版が「按ずるに折は析の誤、析辭とは詭辯を弄する

意」と注して「析」に改めるのに従う。

君子《くんし》は流言《りゅうげん》を唱《とな》えず、[1] 辞《じ》を析《せき》せず、[2] 人《ひと》に陳《の》ぶるに其《そ》の能《よ》くする所《ところ》を以《もっ》てせず。言《げん》には必《かなら》ず主有《しゅあ》り、行《こう》には必《かなら》ず法有《ほうあ》り、[3] 人《ひと》に親《した》しむには必《かなら》ず方有《ほうあ》り。

1 君子は流言を唱えず――『礼記』緇衣篇にも「大人《たいじん》は游言を倡《とな》えず」とある。「流言」「游言」ともに根拠のない言葉。 **2** 辞を析せず――校記参照。『荀子』解蔽篇にも「伝に曰わく、辞を析して察と為し、物を言いわけて辨と為すは、君子これを賤しむ」とある。 **3** 言には必ず主有り、行には必ず法有り――類似した言葉が疾病篇第四章（一九七頁）に見えており、それによれば、言葉に「主」があるとは、言葉が常に普段の自分から離れていないこと、すなわち前後の言葉に一貫性があって、その言葉に主《ぬし》が想定され得る状態のこと。行いに「法」があるとは、行いが常に普段の自分から離れていないこと、すなわち前後の行いに統一性・法則性が認められること。

君子は根拠のない噂を流さないし、詭弁を弄さないし、自分の能力を人に見せびらかしたりしない。〔前後で矛盾した言葉を言わないから、その〕言葉には主《ぬし》があり、〔前後で矛盾した行いをしないから、その〕行いには法《のり》があり、人に親しむにも必ず一定のしかたによるのだ。

二四　多知而無親、博學而無方、多言而無定者[*]、君子弗與也。君子多知而擇焉、博學而算焉、多言而愼焉。

＊多言――もと「好多」に作る。兪樾等が下文により「多言」の誤りとするのに従う。

多《おお》く知《し》れども親《した》しむ無《な》く、博《ひろ》く学《まな》べども方無《ほうな》く、多《おお》く言《い》えども定《さだ》まる無《な》き者《もの》は、君《くん》子与《しくみ》せざるなり。[1]君子《くんし》は多《おお》く知《し》りて択《えら》び、博《ひろ》く学《まな》びて算《えら》び、[2]多《おお》く言《い》いて慎《つつし》む。

1 多く知れども……与せざるなり――『荀子』大略篇に重複文が見える。　**2** 算び――「算」も「えらぶ」の意(孔広森説)。

多くの人と知り合いはするが特に親しくする人がいない者、あれこれと広く学びはするが学ぶ方向性の見えない者、多くを語りはするが話にまとまりのない者、こういう人物を君子は認めない。君子は多くの人と知り合っては〔つきあうにふさわしい人を〕見極め、広く学ぶが〔自分の専門を〕選択し、多く語るが常に慎んで口にするものだ。

二五　博學而無行、捷＊給而不讓、好直而俓、好儉而僿＊者、君子不與也。

＊捷――もと「進」に作る。孫詒讓に従い改める。＊好儉而僿――もと「儉而好倿」に作る。阮元等に従い「倿」を「僿」に改め、王樹楠に従い「好」字を上に移す。

博学《はくがく》にして行《おこな》い無《な》く、捷給《しょうきゅう》1にして譲《ゆず》らず、直《ちょく》を好《この》みて俓《ゆきす》ぎ2、倹《けん》を好《この》みて僿《ふさ》がる者《もの》3は、君子《くんし》与《くみ》せざるなり。

1 捷給――「捷」「給」ともに「すばしこい」の意で、ここでは口がうまいこと。『論語』公冶長篇5・5「人に禦《あた》るに口給を以てすれば、屢《しば》しば人に憎まる」の「口給」に同じ。**2** 直を好みて俓ぎ――「俓」は「徑(径)」に同じ。本篇第十九章の「直而不徑」(八四頁)参照。**3** 僿る――「僿」は「塞《ふさが》る」に通じる。礼に通じないことを言う。

博く学ぶばかりで行動がともなわない者、口達者で人に譲ることを知らない者、一途《いちず》であるのをよしとしてむやみに突き進む者、倹約するのをよしとして礼に通じない者、こういう人物を君子は認めない。

二六　夸而無恥、彊而無憚、好勇而忍人者、君子不與也。

夸《こ》[1]にして恥《は》ずる無《な》く、彊《きょう》[2]にして憚《はばか》る無《な》く、勇《ゆう》を好《この》みて人《ひと》に忍《しの》ぶ者《もの》[3]は、君子《くんし》与《くみ》せざるなり。

1 夸――大口をはくこと、「誇」に同じ。　2 彊――「強」に同じ。　3 人に忍ぶ者――人を傷付けて心が痛まない者。

大口をたたいて恥じることがない者、粗暴ではばかることがない者、蛮勇を好んで人に残忍である者、こういう人物を君子は認めない。

二七　亟達而無守、好名而無體、忿怒而無惡*、足恭*口聖、而無常位者、君子弗與也。

*無――もと「爲」に作る。戴震等に従い改める。　*足恭――もと「恭」下に「而」字あり。

王樹楠に従い削る。

亟《すみや》かに達《たっ》せんとして守《まも》り無《な》く、名《な》を好《この》みて体《たい》無《な》く、忿怒《ふんぬ》するも悪《にく》む無《な》く、[1]足恭口《すうきょうこう》[2]聖《せい》[3]にして、常位《じょうい》[4]無《な》き者《もの》は、君子《くんし》与《くみ》せざるなり。

1 悪む無く――「悪」は憎むべき対象。 **2** 足恭――過度にうやうやしい態度。『論語』公冶長篇5・25にも「巧言、令色、足恭なるは、……丘《きゅう》(孔子)も亦たこれを恥ず」とある。 **3** 口聖――口さとい。「巧言」に同じ。 **4** 常位――かわらない態度。

結果を求めるのに急で基礎を固めることがない者、名声を好むが実質がともなわない者、特に憎むべきことがあるわけでもないのに怒り散らす者、人にへこへことして口達者で、言行に常がない者、こういう人物を君子は認めない。

二八　巧言令色、能小行而篤、難於仁矣。

巧言令色《こうげんれいしょく》、小行《しょうこう》を能《よ》くして篤《あつ》きは、仁《じん》[1]たること難《かた》し。[2]

1 仁――孔子が最高の徳目としてとなえたもので、他者に対するまごころをその中核とする。
2 『論語』学而篇1・3／陽貨篇17・17に「巧言令色、鮮《すく》なし仁」とあり、衛霊公篇15・17に「好んで小慧を行う、難きかな」とある。

口がうまくて顔色をつくろい、つまらぬ行いばかりに熱心というのでは、仁であることは難しい。

二九 嗜酤酒、好謳歌、巷遊而郷居者乎、吾無望焉耳。

酤酒《こしゅ》[1]を嗜《この》み、謳歌《おうか》を好《この》み、巷遊《こうゆう》して郷居《きょうきょ》[2]なる者《もの》か、吾《わ》れ焉《これ》に望《のぞ》む無《な》きのみ。

1 酤酒――売買されている酒。『論語』郷党篇10・8「沽酒《こしゅ》・市脯《しほ》は、食らわず」の「沽酒」に同じ(孫詒譲説)。 2 郷居――郷里で傲慢不遜にふるまう。「居」は倨傲の「倨」に読む(于鬯説)。

酒を好んでは、よく放歌高吟し、まちなかに遊びくらし郷里で不遜なる者、わたしはそういう人に期待するものはない。

三〇　出入不時、言語不序、安易而樂暴、懼之而不恐、說之而不聽。雖有聖人、亦無若何矣。

出入時《しゅつにゅうとき》ならず、言語《げんご》序《じょ》せず、易《やす》きに安《やす》んじて暴《ぼう》を楽《たの》しみ、これを懼《おそ》れしむるも恐《おそ》れず、これに説《と》くも聴《き》かず。聖人《せいじん》[1]有《あ》りと雖《いえど》も、亦《ま》た若何《いかん》ともする無《な》し。

1　聖人――理念化された最高の人間。『曾子』では天円篇（二〇八頁など）を除けばここにしか見えない。

〔家または郷里への〕出入りに時をわきまえず、話す言葉もでたらめ、易きに流れて好んで暴力をふるう。おどして〔改めさせようとして〕も恐れないし、説き伏せても聞く耳を持たない。〔そういう人に対しては〕聖人であっても手の施しようがない。

三一　臨事而不敬、居喪而不哀、祭祀而不畏、朝廷而不恭、則吾無由知之矣。

事《こと》に臨《のぞ》みて敬《つつし》まず、喪《も》に居《お》りて哀《かな》しまず、祭祀《さいし》に畏《おそ》れず、朝廷《ちょうてい》に恭《きょう》ならざれば、則《すなわ》ち吾《わ》れこれを知《し》るに由《よ》し無《な》し。1

ものごとを行うに際していいかげんで、喪に服しながらも悲しまず、祭祀に際して〔神霊を〕畏怖せず、朝廷においてうやうやしくふるまわないならば、わたしにはその人を〔好意的に〕解するすべがない。

1　『論語』八佾篇3・26にも「礼を為して敬まず、喪に臨みて哀しまざれば、吾れ何を以てこれを観んや」とある。

三二　三十四十之間而無藝、即無藝矣。五十而不以善聞、則無聞矣*。七十而無德、雖有微過、亦可以免矣*。

*則無聞——もとこの三字なし。戴震等に従い補う。　*免——もと「勉」に作る。戴震等に

従い改める。

三十四十《さんじゅうしじゅう》の間《かん》にして芸無《げいな》くんば、即《すなわ》ち芸無《げいな》し。五十《ごじゅう》にして善《ぜん》を以《もっ》て聞《き》こえざれば、則《すなわ》ち聞《き》こゆること無《な》し。[1] 七十《しちじゅう》にして徳無《とくな》きは、微過《びか》有《あ》りと雖《いえど》も、亦た以《もっ》て免《ゆる》すべし。

1 五十にして……聞こゆること無し――『論語』子罕篇9・23にも「四十五十にして聞こゆること無くんば、斯《こ》れ亦た畏るるに足らざるのみ」とある。

三十、四十になって学芸が身に付いていないならば、学芸は〔一生〕身に付かない。五十になってよい評判が得られないならば、よい評判は〔一生〕得られない。七十になって徳が身に付いていないならば、〔もはやどうにもならないから〕多少の過ちを犯しても、許してやらねばならぬ。

三三　其少不諷誦、其壮不論議、其老不教誨、亦可謂無業之人矣。

其《そ》の少《わか》くして諷誦《ふうしょう》せず、其《そ》の壮《そう》にして論議《ろんぎ》せず、其《そ》の老《お》いて教誨《きょうかい》せざるは、亦《ま》た無《む》業《ぎょう》の人《ひと》と謂《い》うべし。[1]

1『荀子』法行篇にも「孔子曰く、……少くして学ばざれば、長じて能無し。老いて教えざれば、死して思う〔者〕無し」とある。

年少の時に〔詩書等の文を〕暗誦せず、壮年の時に〔学問について〕議論せず、老年の時に人に教えを垂れないならば、これもまたなすべき学業をしてこなかった人と評してよいであろう。

三四 少稱不弟焉、恥也。壮稱無徳焉、辱也。老稱無禮焉、罪也。

少《わか》くして弟《てい》[1]ならずと称《しょう》せらるるは、恥《ち》なり。壮《そう》にして徳無《とくな》しと称《しょう》せらるるは、辱《じょく》なり。老《お》いて礼無《れいな》しと称《しょう》せらるるは、罪《ざい》なり。[2]

1 弟――「悌」に同じ。 2『論語』憲問篇14・45にも「幼にして孫弟ならず、長じて述《の》ぶること無く、老いて死せず、是れを賊と為す」とある。

年少の時に年長者の言うことを聞かないと言われるのは、恥ずべきことだ。壮年になって徳が無いと言われるのは、不名誉なことだ。老年になって礼をわきまえていないと言われるのは、罪深いことだ。

三五　過而不能改、倦也。行而不能遂、恥也。慕善人而不與焉、辱也。弗知而不問焉、固也。説而不能行、*窮也。喜怒異慮、惑也。不能行而言之、誣也。非其事而居之、矯也。道言而飾其辭、虚也。無益而厚受祿、竊也。好道煩言、亂也。殺人而不戚焉、賊也。

*行――もと「行」字なし。旧版が『説郛』により補うのに従う。

過《あやま》ちて改《あらた》むる能《あた》わざるは、倦《けん》なり。行《おこな》いて遂《と》ぐる能《あた》わざるは、恥《ち》なり。善人《ぜんにん》を慕《した》いて与《くみ》せざるは、辱《じょく》なり。知《し》らずして問《と》わざるは、固《こ》なり。説《よろこ》びて行《おこな》う能《あた》わざるは、窮《きゅう》なり。[2]喜怒《きど》もて慮《りょ》を異《こと》にするは、惑《わく》なり。[3]行《おこな》う能《あた》わずしてこれを言《い》うは、誣《ふ》なり。[4]其《そ》の事《こと》に非《あら》ずしてこれに居《お》るは、矯《きょう》なり。言《げん》を道《みちび》きて[5]其《そ》の辞《じ》を飾《かざ》るは、虚《きょ》なり。益《えき》無《な》くして厚《あつ》く禄《ろく》を受《う》くるは、窃《せつ》なり。[4]道《い》うを好《この》みて煩言《はんげん》するは、乱《らん》なり。人《ひと》を殺《ころ》して戚《いた》まざるは、賊《ぞく》なり。

1 説びて――「説」は「悦」に通じる。次章の「説」も同じ。 **2** 窮なり――「窮」は身動きが取れないこと。 **3** 喜怒もて慮を異にするは、惑なり――『論語』顔淵篇12・10にも「これを愛しては其の生を欲し、これを悪《にく》みては其の死を欲す。既に其の生を欲して、又た其の死を欲するは、是れ惑いなり」とある。 **4** 行う能わずして……誣なり／益無くして……窃なり――『荀子』大略篇に重複句が見える。 **5** 言を道きて――相手の意に合わせて言葉を変える。「道」は「導」に読む。『荘子』漁父篇にも「意を希《ねが》いて言を導く、これを諂《へつら》いと謂う」とある。

過ちをしてそれを改めることができないのを「倦《なまけ》」と言うのだ。行動を始めてそれをやり遂げられないのを「恥」と言うのだ。善人を慕いながら行動をともにできないのを「辱《はじ》」と言うのだ。知らないのに人に問わないのを「固《かたくな》」と言うのだ。「心にそれを」よろこびながら行動に移せないのを「窮《すくみ》」と言うのだ。喜怒の感情に従って考えを変えるのを「惑《まどい》」と言うのだ。できもしないことを言うのを「誣《あざむき》」と言うのだ。自分が出る幕ではないのに〔何かにかこつけて〕その場に居るのを「矯《いつわり》」と言うのだ。相手の意向に合わせて話し、その言葉を飾るのを「虚《うつろ》」と言うのだ。有益なことをしないのに厚禄を受けるのを「窃《かすめとり》」と言うのだ。議論好きで好戦的な議論をふっかけるのを「乱《かきみだし》」と言うのだ。人を殺して心が痛まないのを「賊《ひとでなし》」と言うのだ。

三六　人言不善而不違、近於説其言。説其言、殆於以身近之也。殆於以身近之、殆於身之矣。人言善而色葸焉、近於不説其言。不悦其言、殆於以身遠之*也。殆於以身遠之*、殆於反之*矣。

＊遠之／反之——もと両「遠」字を「近」に作り、「反」を「身」に作る。この三句の「之」がすべて「不善」を指すとして文字を改めないで読む説もあるが、戴震・汪中に従い改める。

人《ひと》不《ふ》善《ぜん》を言《い》いて違《たが》わざれば、[1]其《そ》の言《げん》を説《よろこ》ぶに近《ちか》し。其《そ》の言《げん》を説《よろこ》べば、身《み》を以《もっ》てこれに近《ちか》づくに殆《ちか》し。身《み》を以《もっ》てこれに近《ちか》づくに殆《ちか》ければ、これを身《みずか》らするに殆《ちか》し。人善《ひとぜん》を言《い》いて色葸《いろおそ》れば、[2]其《そ》の言《げん》を説《よろこ》ばざるに近《ちか》し。其《そ》の言《げん》を悦《よろこ》ばざれば、身《み》を以《もっ》てこれに遠《とお》ざかるに殆《ちか》し。身《み》を以《もっ》てこれに遠《とお》ざかるに殆《ちか》ければ、これに反《はん》するに殆《ちか》し。

1 違わざれば――「違」は同意しない意を表情で示すこと。**2** 色葸るれば――「色」は顔付き。「葸」は畏縮する。

人が不善を言ったのに顔をしかめないで〔聞いて〕いるのならば、その言葉をよろこんでいるのと変わらない。その言葉をよろこんでいるというのは、自ら不善に近づいていくのと変わらない。自ら不善に近づいていくのと変わらないというのは、〔つまりは〕自ら不善を行っているのに等しいのだ。人が善言を言ったのに顔をこわばらせて〔聞いて〕いるのならば、その言葉をよろこんでいないのと変わらない。その言葉をよろこんでいないというのは、自ら善から遠ざかっていくのと変わらない。自ら善から遠ざかっていくのと変わらないというのは、〔つまりは〕善に反しているのに等しいのだ。

三七　故目者心之浮也、言者行之指也、作於中則播於外也。故曰、以其見者、占其隱者。故曰、聽其言也、可以知其所好矣。觀說之流、可以知其術也。久而復之、可以知其信矣。觀其所愛親、可以知其人矣。*懼之而觀其不恐也。怒之而觀其不惛也。喜之而觀其不*輕也。近諸色而觀其不踰也。飲食之而觀其有常也。利之而觀其能讓也。居哀而觀*其貞也。居約而觀其不營也。*勤勞之而觀其*不擾也。

*懼之——もと「懼」上に「臨」字あり。王樹楠に従い削る。*輕——もと「誣」に作る。王念孫に従い改める。*其——もと「其」字なし。戴震等に従い補う。*勤——もと「動」に作る。戴震等に従い改める。*不擾——もと「擾」下に「人」字あり。阮元等に従い削る。

故《もと》より目《め》[1]は心《こころ》の浮《しるし》なり、言《げん》は行《こう》の指《しるし》なり、[2]中《うち》に作《おこ》れば則《すなわ》ち外《そと》に播《は》するなり。故《ゆえ》に曰《い》わく、「其《そ》の見《あらわ》れたる者《もの》を以《もっ》て、其《そ》の隠《かく》れたる者《もの》を占《うらな》う[3]」と。故《ゆえ》に曰《い》わく、「其《そ》の言《げん》を聴《き》けば、以《もっ》て其《そ》の好《この》む所《ところ》を知《し》るべし。説《せつ》の流《なが》れを観《み》れば、以《もっ》て其《そ》の術《じゅつ》[4]を知《し》るべし。久《ひさ》しくしてこれを復《ふく》すれば、以《もっ》て其《そ》の信《しん》を知《し》るべし。其《そ》の愛親《あいしん》する所《ところ》を観《み》れば、以《もっ》て其《そ》の人《ひと》を知《し》るべし[5]」と。これを懼《おそ》れしめては其《そ》の恐《おそ》れざるを観《み》る。これを怒《いか》らしめては其《そ》の惛《みだ》れざるを観《み》る。これを喜《よろこ》ばしめては其《そ》の軽《かる》からざるを観《み》る。諸《これ》を色《いろ》に近《ちか》づけては其《そ》の踰《こ》えざるを観《み》る[6]。これに飲食《いんしょく》せしめては其《そ》の常有《つねあ》るを観《み》る。これを利《り》しては其《そ》の能《よ》く譲《ゆず》るを観《み》る。哀《あい》に居《お》りては其《そ》の貞《てい》を観《み》る。約《やく》に居《お》りては其《そ》の営《まど》わざるを観《み》る[7]。これを勤労《きんろう》せしめては其《そ》の擾《みだ》れざるを観《み》る。

1 故より――「故」は「固」に通じる。 **2** 目は心の浮なり、言は行の指なり――「浮」は「符《しるし》」に読む。『韓詩外伝』巻四にも「東郭先生曰わく、目は心の符なり。言は行の指なり」とある。また『孟子』離婁篇上「其の言を聴き、其の眸子《ひとみ》を観れば、人焉くんぞ廋《かく》さんや」参照。 **3** 其の見れたる者を以て、其の隠れたる者を占う――「見」は「現」に同じ。『大戴礼記』文王官人篇にも「其の見れたるを以て、其の隠れたるを占う」とあり、以下、本章の内容は多く文王官人篇と重複している。 **4** 術――心術。心の持ち方、こころばえ。 **5** 其の愛親する所を観れば、以て其の人を知るべし――『荀子』性悪篇にも「伝に曰わく、其の子を知らざれば其の友を視よ、其の君を知らざれば其の左右を視よ」とある。 **6** 踰えざる――節度を失わない。『論語』為政篇2・4に「矩《のり》を踰えず」とあるのと同じ。 **7** 約に居りては其の営わざるを観る――「約」は「窮」に同じ、「困窮」の意。「営」は「惑」の意、まどい、みだれる。『論語』衛霊公篇15・2に「小人窮すれば斯《ここ》に濫《みだ》る」とある。

心《しん》もとより目は心の〔様子を知る〕符号《しるし》であり、言葉は行為の〔今後を知る〕指標《しるし》である。心内《ない》に動きがあれば身外《しんがい》に伝播するもの。だから言うのだ、「その現れたものによって、隠れているものを推測する」と。だから言うのだ、「その言葉を聞けば、その人が何を好むか分かる。話の推移を見れば、その心の持ちようが分かる。久しきにわたって同じことが繰り返されるならば、信頼に足ることが分かる。その人が愛し親しむ人を見れば、その人自身の人となりも分かる」と。〔その人となりを判断するには〕その人を懼《おそ》れさせて、恐がりであるかどうかを見る。その人を怒らせて、カッとなりやすいかどうかを見る。その人をよろこばせて、軽はずみでないかを見る。色事に近づけて、節度を守れるかどうかを見る。たらふく飲み食いさせて、常態を失わないかどうかを見る。利便を与えて、人に譲ることができるかどうかを見る。哀悼の場面においては、その真心を見る。困窮している場合には、その行いを乱さないかを見る。仕事を多くさせて、その心を乱さないかを見る。

三八　君子之於不善也、身勿爲可能也、*色勿爲不可能也。色勿爲可能也、*心勿爲不*

可能也。

＊可――もと「可」字なし。阮元が『治要』により補うのに従う。＊色勿――もと「色」下に「也」字あり。九条家本・金沢文庫本『治要』により削る。＊心勿――もと「心」下に「思」字あり。王樹楠が『治要』により削るのに従う。

君子《くんし》の不善《ふぜん》に於《お》けるや、身《み》に為《な》す勿《な》きは能《よ》くすべきも、色《いろ》に為《な》す勿《な》きは能《よ》くすべからず。[1]色《いろ》に為《な》す勿《な》きは能《よ》くすべきも、心《こころ》に為《な》す勿《な》きは能《よ》くすべからず。

1 色に為す勿きは能くすべからず――『論語』為政篇2・8にも、孝についてではあるが「色難し」とある。

君子は不善について、その身に行わないことはできるが、顔色にも出さないというのはなかなかできないものだ。顔色に出さないことはまだできるが、心にも思わないというのはなかなかできないものだ。

三九　太上樂善、其次安之、其下亦能自彊。

太上《たいじょう》は善《ぜん》を楽《たの》しみ、其《そ》の次《つぎ》はこれに安《やす》んじ、其《そ》の下《した》も亦《ま》た能《よ》く自《みずか》ら彊《つと》む。[1]

1 自ら彊む――自ら努力して行う。『礼記』中庸篇「或いは安んじてこれを行い、或いは利としてこれを行い、或いは勉強してこれを行う」の「勉強してこれを行う」に同じ。

最も優れているのは〔心から〕楽しんで善を行うこと。その次は〔心に強いることなく〕安んじて善を行うこと。その下〔は善を放棄してしまうことではなく、これ〕もまた自ら努めて善を行うことなのだ。

四〇　仁者樂道、智者利道、愚者從、弱者畏。不愚不弱、執誣以彊、亦可謂棄民矣。

仁者《じんしゃ》は道《みち》を楽《たの》しみ、智者《ちしゃ》は道《みち》を利《り》とし、[1]愚者《ぐしゃ》は従《したが》い、弱者《じゃくしゃ》は畏《おそ》る。愚《ぐ》ならず弱《じゃく》ならざるに、誣《ふ》[2]を執《と》りて以《もっ》て彊《し》う、亦《ま》た棄民《きみん》と謂《い》うべし。

1 仁者は道を楽しみ、智者は道を利とし――『論語』里仁篇4・2「仁者は仁に安んじ、知者は仁を利とす」の「仁」を「道」に置き換えたもの。 2 誣――道からはずれた偽りの説。

仁者は道を楽しんで行い、智者は道を有益だからとして行い、愚者は盲従するだけで〔自ら道を行うことができず〕、弱者は〔道を前にして〕怖じ気づく〔ばかりで、道を行うことができない〕。愚者でも弱者でもないのに、道からはずれたものを頑なに守るというのは、これもまた棄民(見棄てざるを得ない輩《やから》)と言うべきであろう。

四一　太上不生惡、其次*生而能夙絶之也、其下復而能改也。復而不改、殞身覆家、大者傾覆社稷。是故君子出言以鄂鄂、行身以戰戰、亦殆*免於罪矣。是故君子爲小由爲大也、居由仕也。備則未爲備也、而勿慮存焉。

*生――もと「生」字なし。王念孫が『治要』により補うのに従う。 *免――もと「勉」に作る。戴震等に従い改める。『治要』も「免」に作る。

太上《たいじょう》は悪《あく》を生《しょう》ぜず、其《そ》の次《つぎ》は生《しょう》じて能《よ》く夙《つと》にこれを絶《た》つ、其《そ》の下《した》は復《ふく》して能《よ》く改《あらた》む。

復《ふく》して改《あらた》めざれば、身《み》を殞《おと》し[1]家《いえ》を覆《くつがえ》し、大《だい》なる者《もの》は社稷《しゃしょく》を傾覆《けいふく》す。是《こ》の故《ゆえ》に君子《くんし》は言《げん》を出《いだ》すに鄂鄂《がくがく》[2]を以《もっ》てし、身《み》を行《おこな》うに戦戦《せんせん》[3]を以《もっ》てすれば、亦《ま》た罪《つみ》より免《まぬか》るるに殆《ちか》し。是《こ》の故《ゆえ》に君子《くんし》は小《しょう》を為《な》すこと由《な》お大《だい》を為《な》すがごとく、居《お》ること由《な》お仕《つか》うるがごとし。備《そな》わるは則《すなわ》ち未《いま》だ備《そな》われりと為《な》さざるも、勿慮《ぶつりょ》[4]焉《ここ》に存《そん》す。

1 殞し——「殞」は「隕」に通じる。『治要』は「隕」に作る。 **2** 鄂鄂——言葉が正直であること。 **3** 戦戦——おそれるさま。『孝経』諸侯章の引詩(一七頁)参照。 **4** 勿慮——「無慮」に同じ。おおよそ(王念孫説)。

最も優れているのは悪事を行わないこと。その次は行ってしまってもそれを直ちに改められること。その下は繰り返し行ったのちに改められること。繰り返し行って改めないのであれば、身や家を破滅に導くし、甚だしきは社稷(国家)を傾け滅ぼすことになる。そこで君子は正直な言葉を発し、慎重に行動するならば、またあらまし罪から免れることができるのだ。そこで君子は小さなことを行うのにも、大きなことを行うかのように〔力を尽く〕し、家に居ても主君につかえるかのように〔尽力〕する。〔実際に大きなことを行ったり、主君につかえるのに」それで十分かと言えば、まだ十分であるとは言えないが、その大略はここに存するのだ。

四二　事父可以事君、事兄可以事師長。使子猶使臣也、使弟猶使承嗣也。能取朋友者、亦能取所予從政者矣。賜與其宮室、亦猶用慶賞於國家*也。忿怒其臣妾、亦猶用刑罰於萬民也。是故爲善必自內始也。內人怨之、雖外人亦不能立也。

＊用慶賞於國家――もと「用」「家」二字なし。汪中が『荀子』大略篇の重複文により補うのに従う。

父《ちち》に事《つか》うれば以《もっ》て君《きみ》に事《つか》うべく、兄《あに》に事《つか》うれば以《もっ》て師長《しちょう》に事《つか》うべし。[1]子《こ》を使《つか》うこと猶《な》お臣《しん》を使《つか》うがごとく、弟《おとうと》を使《つか》うこと猶《な》お承嗣《しょうし》[2]を使《つか》うがごとし。能《よ》く朋友《ほうゆう》を取《と》る者《もの》は、亦《ま》た能《よ》く予《とも》に[3]政《せい》に従《したが》う所《ところ》の者《もの》を取《と》る。其《そ》の宮室《きゅうしつ》[4]に賜与《しよ》すること、亦《ま》た猶《な》お慶《けい》賞《しょう》を国家《こっか》に用《もち》うるがごとし。其《そ》の臣妾《しんしょう》に忿怒《ふんぬ》すること、亦《ま》た猶《な》お刑罰《けいばつ》を万民《ばんみん》に用《もち》うるがごとし。[5]是《こ》の故《ゆえ》に善《ぜん》を為《な》すは必《かなら》ず内《うち》より始《はじ》む。内《うち》の人《ひと》これを怨《うら》めば、外《そと》の人《ひと》と雖《いえど》も亦《ま》た立《のぞ》む[6]能《あた》わざるなり。

1 父に事うれば……師長に事うべし――『孝経』広揚名章(四七頁)参照。**2** 承嗣――下役。『墨子』などにも見え、「丞司」に通じる(孔広森・阮元説)。**3** 予に――「予」は「与《ともに》」に同じ。**4** 宮室――建物を言うことで家庭内のことを意味する。**5** 其の宮室に……万民に用うるがごとし――『荀子』大略篇に重複文が見える。**6** 立む――「立」は「涖《のぞむ》」に通じる。人々の上に臨み立つ(王聘珍説)。

父によくつかえることができれば主君にもよくつかえることができるのであり、兄によくつかえることができれば先生や年長者にもよくつかえることができるのだ。子を使うのには臣下を使うかのようにし、弟を使うのには補佐役を使うかのようにする。友人を選ぶのに長《た》けた者は、ともに政治を行う人を選ぶのにもまた長けているものだ。家の者に何か与える時も、あたかも国家において褒美を与えるかのようにし、召使いを叱る時も、あたかも万民に刑罰を与えるかのようにする。だから善を行うには必ず家の内より始めるものであって、家の内の人が怨むようでは、家の外の人に対して上に立つこともまたできないのだ。

四三　先憂*事者後樂事、先樂事者後憂事。昔者天子日旦思其四海之內、戰戰唯恐不能乂。諸侯日旦思其四封之內、戰戰唯恐失損之。大夫士日旦思其官、戰戰唯恐不能勝。庶人日旦思其事、戰戰唯恐刑罰之至也。是故居上位而不淫*、臨事而慄*者、鮮不濟矣。

＊先憂／居上位而不淫――「先」上にもと「居上位而不淫、臨事而栗者、鮮不濟矣」の三句あり。王樹楠が上一句を下文の「是故」下に移し、下文と重複する下二句を削るのに従う。＊慄――もと「栗」に作る。『治要』により改める。

先《さき》に事《こと》を憂《うれ》うる者《もの》は後《のち》に事《こと》を楽《たの》しみ、先《さき》に事《こと》を楽《たの》しむ者《もの》は後《のち》に事《こと》を憂《うれ》う。昔者天子《むかしてんし》は日旦其《じったんそ》の四海《しかい》の内《うち》を思《おも》い、戦戦《せんせん》として唯《た》だ乂《おさ》むる能《あた》わざることを恐《おそ》る。諸侯《しょこう》は日《じっ》旦其《たんそ》の四封《しほう》の内《うち》を思《おも》い、戦戦《せんせん》として唯《た》だこれを失損《しっそん》せんことを恐《おそ》る。大夫士《たいふし》は日旦《じったん》其《そ》の官《かん》を思《おも》い、戦戦《せんせん》として唯《た》だ勝《た》うる能《あた》わざることを恐《おそ》る。庶人《しょじん》は日旦其《じったんそ》の事《こと》を思《おも》い、戦戦《せんせん》として唯《た》だ刑罰《けいばつ》の至《いた》らんことを恐《おそ》る。是《こ》の故《ゆえ》に上位《じょうい》に居《お》りて淫《いん》せず、事《こと》に臨《のぞ》みて慄《おそ》るる者《もの》は、済《な》らざること鮮《すく》なし。[1]

1　事に臨みて慄るる者は……鮮なし――『論語』述而篇7・10にも「事に臨みて懼れ」る者をよしとする孔子の言葉がある。

先に苦労して事を行う者は後に安楽に事を行うことになるし、先に安楽に事を行う者は後に苦労して事を行うことになる。昔、天子は明け方から天下のことに心を致し、戦々《せんせん》兢々《きょうきょう》として天下を治められないことを恐れたし、諸侯も明け方から領内のことに心を致し、戦々兢々としてその地を損失しないようにと恐れたし、大夫士も明け方からその官職のことに心を致し、戦々兢々としてその任に耐えないことを恐れたし、庶人も明け方から自らの仕事のことに心を致し、戦々兢々として刑罰を受けることのないようにと恐れたものだ。だから、上位に就いても位におぼれることがなく、事に際して慎んで行う者は、あまり失敗しないものだ。

四四　君子之於子也、愛而勿面也、使而勿貌也、導之以道而勿強也。

君子《くんし》の子《こ》に於《お》けるや、愛《あい》して面《めん》すること[1]勿《な》く、使《つか》いて貌《ぼう》すること[2]勿《な》く、これを導《みちび》くに道《みち》を以《もっ》てして強《し》うること勿《な》し[3]。

1 面する――顔色に出す。 **2** 貌する――態度で労《ねぎら》う。 **3** この章は『荀子』大略篇に重複文が見える。

君子は我が子に対して、愛しはするがそれを顔に出すことはなく、手伝いをさせた場合も態度で労《ねぎら》うことはなく、〔そうして親としての威厳を示しつつ〕道義によって導くが、無理強いすることはない。

四五　宮中雍雍、外焉肅肅、兄弟憘憘、朋友切切。遠者以貌、近者以情。友以立其所能、而遠其所不能。苟無失其所守、亦可與終身矣。

宮中《きゅうちゅう》は雍雍《ようよう》[1]、外《そと》は焉《すなわ》ち粛粛《しゅくしゅく》[2]、兄弟《けいてい》は憘憘《きき》、朋友《ほうゆう》は切切《せつせつ》たり。[3] 遠《とお》き者《もの》は貌《ぼう》を以《もっ》てし、近《ちか》き者《もの》は情《じょう》を以《もっ》てす。友《とも》は以《もっ》て其《そ》の能《のう》とする所《ところ》を立《た》てて、其《そ》の不能《ふのう》とする所《ところ》を遠《とお》ざく。[4] 苟《いやし》くも其《そ》の守《まも》る所《ところ》を失《うしな》う無《な》くんば、亦《ま》た与《とも》に[5]身《み》を終《お》うべし。

1 雍雍——なごやかなさま。 **2** 粛粛——厳正なさま。 **3** 兄弟は憘憘、朋友は切切たり——「憘憘」は「怡怡《いい》」に同じ、むつみ合うさま。「切切」は競い合うさま。『論語』子路篇13・28にも「朋友には切切偲偲《いい》、兄弟には怡怡如《じょ》たり」とある。 **4** 友は……其の不能とする所を遠ざく——『論語』学而篇1・8にも「己に如かざる者を友とすること無かれ」とある。 **5** 与に——その友とともに。

家の内ではなごやか、家の外では厳正で、兄弟とはむつみ合い、朋友とは切磋琢磨する。疎遠の者には〔礼にかなった〕ふるまいで接し、近親の者には情愛のまことをもって接する。友人についてはすぐれていると思う人物を友とし、すぐれていないと思う人物は遠ざける。もし〔ふたりがともに〕自分の守るべきものを失わないならば、ともに〔生涯の友として〕その身を終えることができるのだ。

曾子《そうし》本孝《ほんこう》

篇名は篇首の「孝の本」から取ったものか。

一　曾子曰、忠者、其孝之本與。

曾子《そうし》曰《い》わく、忠《ちゅう》は、其《そ》れ孝《こう》の本《もと》か。1

1『論語』里仁篇4・15にも「曾子曰わく、夫子の道は忠恕《ちゅうじょ》のみ」と、曾子が孔子の教えの核心を「忠〔恕〕」に見出していることが記される。

曾子は言われた、忠(相手を思うまごころ)こそが、孝の根本であろう。

二　孝子不登高、不履危、庳亦弗憑、不苟笑、不苟訾、隱不命、臨不指、故不在尤之中也。

＊庳――もと「痺」に作る。戴震等に従い改める。

孝子《こうし》は高《たか》きに登《のぼ》らず、危《あや》うきを履《ふ》まず、庳《ひく》き[1]も亦《ま》た憑《わた》らず、[2]苟《いやし》くも笑《わら》わず、苟《いやし》くも訾《そし》らず、[3]隠《いん》に命《めい》ぜず、臨《のぞ》みて指《ゆび》ささず、[4]故《ゆえ》に尤《とが》の中《うち》に在《あ》らず。

1 庳き――低くて水のあるところ。 **2** 憑らず――「憑」は『論語』述而篇7・10「暴虎馮《ぼうこひょう》河《が》」の「馮」に通じる。 **3** 孝子は……苟くも訾らず――『礼記』曲礼上篇にも「人子たる者、……高きに登らず、深きに臨まず、苟くも訾らず、苟くも笑わず」とある。旧版は曲礼上篇に見えない「庳亦弗憑」四字を、注文が本文に紛れ込んだものとする。 **4** 隠に命ぜず、臨みて指ささず――「隠」は暗いところ。「臨」は高きに臨むこと。『礼記』曲礼上篇にも「孝子は闇に服〔事〕せず」「城に登りて指さず」とある。ともに人を驚かせる行為を戒めたもの。

孝子は高いところに登らない。危険なところに足を踏み入れない。〔水のある〕低いところも徒歩でわたったりしない。理由なく笑ったりしない。むやみに人を誹謗《そし》らない。暗闇で人を呼んだりしない。高いところから指さしたりしない。だから、非難を受けることがないのだ。

三　孝子悪言死焉、流言止焉、美言興焉。故悪言不出於口、煩言不及於己。

孝子《こうし》、悪言《あくげん》は焉《これ》を死《つく》し、流言《りゅうげん》は焉《これ》を止《とど》め、[1]美言《びげん》は焉《これ》を興《あ》ぐ。[2]故《ゆえ》に悪言《あくげん》口《くち》より出《い》でず、煩言己《はんげんおのれ》に及《およ》ばず。[3]

1 悪言は焉を死し、流言は焉を止め――『荀子』大略篇に重複句が見える。「死」は「澌」に通じ、「消し尽くす」の意。**2** 興ぐ――「興」は「擧(挙)」に通じる。**3** 悪言口より出でず、煩言己に及ばず――大孝篇第二章(一四五頁)の重複句は「煩言」を「忿言」に作る。「煩」と「忿」は通じる。他人への非難を口にしないから、他人から怒りの言葉を浴びせられることもないのである。『孟子』梁恵王篇下「曾子曰わく、これを戒めよ、これを戒めよ、爾《なんじ》に出ずる者は、爾に反《かえ》る者なり」参照。

孝子は悪しき言葉は消し去り、根拠のない言葉は押し止《とど》め、善き言葉は取り挙げる。だから、〔他人に対する〕悪しき言葉がその口から出てくることはなく、〔それゆえ、他人からの」怒りの言葉がその身に浴びせられることもないのだ。

四　孝子*之事親也、居易以俟命、不興險行以儌幸。孝子由*之、暴人違之。出門而使、不以或爲父母憂也。險塗隘巷、不求先焉、以愛其身、以不敢忘其親也。孝子之使人也、不敢肆行、不敢自專也。父死三年、不敢改父之道。又能事父之朋友、又能率朋友以助敬也。

＊孝子――もと「孝」上に「故」字あり。旧版に従い削る。＊由――もと「游」に作る。王念孫に従い改める。

孝子《こうし》の親《おや》に事《つか》うるや、易《やす》きに居《お》りて以《もっ》て命《めい》を俟《ま》ち、険行《けんこう》を興《お》こして以《もっ》て幸《こう》を儌《もと》めず。[1] 孝子《こうし》はこれに由《よ》り、暴人《ぼうじん》はこれに違《たが》う。門《もん》を出《い》でて使《つか》いするに、或《わく》[2]を以《もっ》て父母《ふぼ》の憂《うれ》いと為《な》らず。険塗《けんと》隘巷《あいこう》は、先《さき》んずるを求《もと》めずして、以《もっ》て其《そ》の身《み》を愛《お》しみ、以《もっ》て敢《あ》えて其《そ》の親《おや》を忘《わす》れず。孝子《こうし》の人《ひと》を使《つか》うや、敢《あ》えて肆《ほしいまま》に行《おこな》わず、敢《あ》えて自《みずか》ら専《もっぱ》らにせず。父《ちち》死《し》して三年《さんねん》、敢《あ》えて父《ちち》の道《みち》を改《あらた》めず。3 又《ま》た能《よ》く父《ちち》の朋友《ほうゆう》に事《つか》え、又《ま》た能《よ》く朋《ほう》友《ゆう》に率《したが》いて以《もっ》て敬《けい》を助《たす》く。

1 易きに居りて……幸を徼めず――『礼記』中庸篇にも「君子は易きに居りて以て命を俟ち、小人は険を行いて以て幸を徼む」とある。 **2** 或――「惑」に通じる。分別のないふるまい。 **3** 父死して三年、敢えて父の道を改めず――『論語』学而篇1・11にも「三年、父の道を改むること無きを、孝と謂うべし」とある。三年は父の喪に服す期間。

孝子が親につかえる場合には、〔歩むべき〕平らな道を歩んで〔何があっても〕運命として受け入れ、〔選ぶべきでない〕険しい道を選んでそれで僥倖《ぎょうこう》を求めるようなことはしない。孝子はこのことに従って行動し、粗暴な者はこのことに背いて行動する。使いとして外出する時も、何かしでかすのではないかと親に心配をかけさせるようなことはない。険しい道や〔危険な〕路地裏などには、すすんで入り込むことなく、そうしてその身を大切にし、〔この体を与えてくれた〕親のことを忘れたりしない。孝子が人を使う場合には、好き勝手に使うことはしないし、〔親に相談せず〕自分の独断で使うこともしない。父が亡くなって三年間、父の示した道を改めたりしない。さらには父の友人にもよくおつかえし、さらには〔父の〕友人の言うことをよく聞いて〔亡き父への〕敬意を高めるのだ。

五　君子之孝也、任善不敢臣三德。卿大夫之孝也*、以正致諫。士之孝也、以德從命。庶人之孝也、以力務養*。故孝子*之於親也、生則有義以輔之、死則哀以莅焉、祭祀則莅之以敬。如此而成於孝子也。

*任善不敢臣三德。卿大夫之孝也――「任善不敢臣三德」七字はもと次行の「故」上にあり、また「卿大夫之孝也」六字を欠く。王樹楠に従い改め補う。　*務養――もと「惡食」に作る。汪中に従い「惡」を「務」に改め、于鬯に従い「食」を「養」に改める。　*子――もと「子」字なし。阮元に従い補う。

君子《くんし》の孝《こう》や、善《ぜん》に任《にん》じて敢《あ》えて三徳《さんとく》[1]を臣《しん》とせず。卿大夫《けいたいふ》の孝《こう》や、正《せい》を以《もっ》て諫《かん》を致《いた》す。士《し》の孝《こう》や、徳《とく》を以《もっ》て命《めい》に従《したが》う。庶人《しょじん》の孝《こう》や、力《ちから》を以《もっ》て養《よう》に務《つと》む[2]。故《ゆえ》に孝子《こうし》の親《おや》に於《お》けるや、生《い》けるには則《すなわ》ち義《ぎ》以《もっ》てこれを輔《たす》くる有《あ》り、死《し》しては則《すなわ》ち哀《あい》以《もっ》て焉《これ》に莅《のぞ》み、祭祀《さいし》には則《すなわ》ちこれに莅《のぞ》むに敬《けい》を以《もっ》てす。此《か》くの如《ごと》くにして孝子《こうし》を成《な》す。

1 三徳——「三老五更」の「三老」に相当。退任した高官で、天子がこれに父事することによって、民衆に孝を教えた。『孝経』応感章注6(五三頁)参照。 2 庶人の孝や……養に務む——『孝経』庶人章(二四頁)参照。

君王の孝は、善人に職を任じて、〔退任した〕三徳には〔父に対するようにつかえて〕臣下あつかいしない〔ことで人々に孝道を示す〕もの。卿大夫の孝は、正道をもって〔君・父を〕諫めるもの。士の孝は、徳にかなっているかを考えて〔君・父の〕命に従うもの。庶人の孝は、おのが〔身体の〕力を尽くして努めて父母を養うもの。だから孝子は親に対して、〔親が〕生きている時には義《ただしさ》に沿って親を補佐し、亡くなった際には哀悼の念を尽くして葬送し、祭る際には敬《つつしみ》をもって祭りに臨む。このようにして、孝子としての道をまっとうするのだ。

曾子《そうし》立孝《りっこう》

篇名は篇首の語より取ったもの。

一　曾子曰、君子立孝、其忠之用、禮之貴。故爲人子而不能孝其父者、不敢言人父不能畜其子者。爲人弟而不能承其兄者、不敢言人兄不能順其弟者。爲人臣而不能事其君者、不敢言人君不能使其臣者。*故與父言、言畜子、與子言、言孝父。與兄言、言順弟、與弟言、言承兄。與君言、言使臣、與臣言、言事君。反是亂也。*

＊故爲人子……使其臣者――本章のこの部分では下位者についてのみ記しており、直後の「故與父言」以下で、上位者と対にして記しているのと対応していない。『内礼』の対応文(一二六頁以下参照)では、この部分にも上位者についての言及があり、本来の形を保存していると考えられるが、本文を改めずに解しておく。また、「臣者」下にもと「也」字あり。『治要』により阮元等が削るのに従う。『内礼』にも、ここにこの字はない。　＊反是亂也――もと第二章に

あり。『内礼』により移す。

曾子《そうし》曰《い》わく、君子《くんし》の孝《こう》を立《た》つるや、其《そ》れ忠《ちゅう》をこれ用《もち》い、礼《れい》をこれ貴《たっと》ぶ。[1]故《ゆえ》に人《ひと》の子《こ》たりて其《そ》の父《ちち》に孝《こう》なる能《あた》わざる者《もの》、敢《あ》えて人《ひと》の父《ちち》の其《そ》の子《こ》を畜《やしな》う能《あた》わざる者《もの》を言《い》わず。人《ひと》の弟《おとうと》たりて其《そ》の兄《あに》を承《う》くる能《あた》わざる者《もの》、敢《あ》えて人《ひと》の兄《あに》の其《そ》の弟《おとうと》を順《おし》うる[2]能《あた》わざる者《もの》を言《い》わず。人《ひと》の臣《しん》たりて其《そ》の君《きみ》に事《つか》うる能《あた》わざる者《もの》、敢《あ》えて人《ひと》の君《きみ》の其《そ》の臣《しん》を使《つか》う能《あた》わざる者《もの》を言《い》わず。故《ゆえ》に父《ちち》と言《い》わば、子《こ》を畜《やしな》うを言《い》い、子《こ》と言《い》わば、父《ちち》に孝《こう》なるを言《い》う。兄《あに》と言《い》わば、弟《おとうと》を順《おし》うるを言《い》い、弟《おとうと》と言《い》わば、兄《あに》を承《う》くるを言《い》う。君《きみ》と言《い》わば、臣《しん》を使《つか》うを言《い》い、臣《しん》と言《い》わば、君《きみ》に事《つか》うるを言《い》う。[3]是《こ》れに反《はん》するは乱《らん》なり。[4]

1 忠をこれ用い／礼をこれ貴ぶ——「用忠(忠を用う)」「貴礼(礼を貴ぶ)」の倒置的表現。
2 順うる——「順」は「訓」に通じる。 **3** 故に父と言わば……君に事うるを言う——『儀礼』士相見礼にも類似句が見える。 **4** 是れに反するは乱なり——たとえば、臣下を使えない君主に対しての非難を臣下同士で話すことになるからである。

曾子は言われた、君子が孝道を成し遂げるにあたっては、忠《まごころ》を用い、礼を貴ぶもの。だから子であって、自分の父に孝を尽くすことができない者は、自分の子を養うことができない父のことを責めたりしない。弟であって、自分の兄の言うことを聞けない者は、自分の弟を教え導けない兄のことを責めたりしない。臣下であって、君主につかえることができない者は、臣下を使えない君主のことを責めたりしない。だから〔相手が誰であれ〕父である人と話をする時は、子を養育することについて話し、子である人と話をする時は、父に孝行することについて話す。兄である人と話をする時は、弟を教え導くことについて話し、弟である人と話をする時は、兄の言うことを聞くことについて話す。君主である人と話をする時は、臣下を使うことについて話し、臣下である人と話をする時は、君主につかえることについて話す。これに反する〔ことを話す〕のを乱と言うのだ。

〈附録〉『内礼《ないれい》』(部分)

(一九九四年に発見された古写本。戦国時代の楚国で竹簡上に書写されたもの。『上海博物館蔵戦国楚竹書(四)』上海古籍出版社、二〇〇四年による。数字は簡番号。〈 〉内は欠字を補ったもの)

君子之立孝、愛是用、禮是貴。故爲人君者、言人之君之不能使其臣者、不與言人之臣之不能事[1]其君者。故爲人臣者、言人之臣之不能事其君者、不與言人之君之不能使其臣者。故爲人父者、言人之[2]父之不能畜子者、不與言人之子之不孝者。故爲人子者、言人之子之不孝者、不與言人之父之不能畜子者。[3]故爲人兄者、言人之兄之不能慈弟者、不與言人之弟之不能承兄者。故爲人弟者、言人之弟之不能承兄[4]〈者、不與言人之兄之不能慈弟者。故〉曰、與君言、言使臣、與臣言、言事君。與父言、言畜子、與子言、言孝父。與兄言、言慈弟[5]、與弟言、言承兄。反此亂也。[6]

君子《くんし》の孝《こう》を立《た》つるや、愛《あい》をこれ用《もち》い、礼《れい》をこれ貴《たっと》ぶ。故《ゆえ》に人《ひと》の君《きみ》たる者《もの》、人《ひと》の君《きみ》の其《そ》の臣《しん》を使《つか》う能《あた》わざる者《もの》を言《い》うも、人《ひと》の臣《しん》の其《そ》の君《きみ》に事《つか》うる能《あた》わざる者《もの》を言《い》うを与《ゆる》さず。故《ゆえ》に人《ひと》の臣《しん》たる者《もの》、人《ひと》の臣《しん》の其《そ》の君《きみ》に事《つか》うる能《あた》わざる者《もの》を言《い》うも、人《ひと》の君《きみ》の其《そ》の臣《しん》を使《つか》う能《あた》わざる者《もの》を言《い》うを与《ゆる》さず。故《ゆえ》に人《ひと》の父《ちち》たる者《もの》、人《ひと》の父《ちち》の子《こ》を畜《やしな》う能《あた》わざる者《もの》を言《い》うも、人《ひと》の子《こ》の不孝《ふこう》なる者《もの》を言《い》うを与《ゆる》さず。故《ゆえ》に人《ひと》の子《こ》たる者《もの》、人《ひと》の子《こ》の不孝《ふこう》なる者《もの》を言《い》うも、人《ひと》の父《ちち》の子《こ》を畜《やしな》う能《あた》わざる者《もの》を言《い》うを与《ゆる》さず。故《ゆえ》に人《ひと》の兄《あに》たる者《もの》、人《ひと》の兄《あに》の弟《おとうと》に慈《じ》なる能《あた》わざる者《もの》を言《い》うも、人《ひと》の弟《おとうと》の兄《あに》を承《う》くる能《あた》わざる者《もの》を言《い》うを与《ゆる》さず。故《ゆえ》に人《ひと》の弟《おとうと》たる者《もの》、人《ひと》の弟《おとうと》の兄《あに》を承《う》くる能《あた》わざる者《もの》を言《い》うも、人《ひと》の兄《あに》の弟《おとうと》に慈《じ》なる能《あた》わざる者《もの》を言《い》うを与《ゆる》さず。故《ゆえ》に曰《い》わく、「君《きみ》と言《い》わば、臣《しん》を使《つか》うを言《い》い、臣《しん》と言《い》わば、君《きみ》に事《つか》うるを言《い》う。父《ちち》と言《い》わば、子《こ》を畜《やしな》うを言《い》い、子《こ》と言《い》わば、父《ちち》に孝《こう》なるを言《い》う。兄《あに》と言《い》わば、弟《おとうと》に慈《じ》なるを言《い》い、弟《おとうと》と言《い》わば、兄《あに》を承《う》くるを言《い》う」と。此《こ》れに反《はん》するは乱《らん》なり。

二　君子之孝也、忠愛以敬。* 盡力而有禮、莊敬而安之。微諫不倦、聽從不怠、* 懽欣忠信、咎故不生、可謂孝矣。

＊以敬——もと「敬」下に「反是亂也」四字あり。『内礼』により第一章末尾に移す。＊不怠——もと「不」上に「而」字あり。阮元が『治要』により削るのに従う。

君子《くんし》の孝《こう》や、忠愛以《ちゅうあいもっ》て敬《けい》す。力《ちから》を尽《つ》くして[1]礼有《れいあ》り、荘敬《そうけい》にしてこれを安《やす》んず。微諫《びかん》して倦《う》まず、聴従《ちょうじゅう》して怠《おこた》らず[2]、懽欣《かんきん》[3]忠信《ちゅうしん》、咎故《きゅうこ》[4]生《しょう》ぜざれば、孝《こう》と謂《い》うべし。

1 力を尽くして——『論語』学而篇1・7にも「父母に事《つか》えて能く其の力を竭《つ》くす」とある。 **2** 微諫して倦まず、聴従して怠らず——「微諫」はおだやかに諫めること。『論語』里仁篇4・18「父母に事うるには幾諫《きかん》す」の「幾諫」に同じ。『礼記』坊記篇にも「子云う、命に従いて忿《いか》らず、微諫して倦まず、労して怨みず、孝と謂うべし」とある。 **3** 懽欣——「歡(歓)欣」に同じ、よろこび。 **4** 咎故——わざわいごと。

君子の孝とは、忠《まごころ》をこめて愛し、そして敬うもの。力を尽くして〔親を養うのに〕礼を守り、端正な敬意ある態度で親の心を安んずる。〔親に過ちがあった時には〕それとなく諫めて〔その過ちを補うことに〕勉め励み、〔親が正しい場合には〕聴き従って怠ることがなく、〔親子の間は〕よろこびとまごころにあふれ、〔親にも自らにも、過失による〕わざわいが生じないようにするならば、孝であると評してよいであろう。

三　盡力而*無禮、則小人也。致忠而不敬*、則不入也。是故禮以將其力、敬以入其忠。飲食移味、居處溫愉、著心於此、濟其志也。

＊而――もと「而」字なし。阮元が『治要』により補うのに従う。　＊致忠而不敬――もと「致敬而不忠」に作る。王引之に従い「敬」「忠」二字を入れ替える。

力《ちから》を尽《つ》くすも礼無《れいな》きは、則《すなわ》ち小人《しょうじん》なり。忠《ちゅう》を致《いた》すも敬《けい》ならざれば、則《すなわ》ち入《い》らず。是《こ》の故《ゆえ》に礼以《れいもっ》て其《そ》の力《ちから》を将《ささ》げ、敬以《けいもっ》て其《そ》の忠《ちゅう》を入《い》る。飲食《いんしょく》は味《あじ》を移《うつ》し[1]、居処《きょしょ》[2]は温愉《おんゆ》、心《こころ》を此《ここ》に著《お》き、其《そ》の志《こころざし》を済《な》す。

1 味を移し——親の求めにしたがって食べ物の味を変える。 **2** 居処——いどころ、家。

〔身体の〕力を尽くして〔親を養って〕いても、礼にかなっていなければ、小人である。〔親を思う〕まごころは十分にあっても、敬(敬意をしめす態度)がともなっていなければ、〔そのまごころを〕受け入れてもらえない。だから、礼によって力をささげ、敬によってまごころをとどけるのだ。飲食においてはさまざまな味を味わえるようにし、家内ではおだやかで愉しい雰囲気をかもしだす。このことをいつも心に置いて、〔孝を尽くさんとする〕志を実現するのだ。

四 子曰*、可入也*、吾任其過、不可入也*、吾辭其罪。詩云、有子七人、莫慰母心、子之辭也。夙興夜寐、無忝爾所生、言不自舍也。不恥其親、君子之孝也。是故未有君而忠臣可知者、孝子之謂也。未有長而順下可知者、悌弟*之謂也。未有治而能仕可知者、先脩之謂也。故曰、孝子善事君、悌弟*善事長。君子一孝一悌、可謂知終矣。

*子曰——『曾子』において、「子曰」と冠して孔子の語を引く例は他に見えない。この二字も衍文《えんぶん》(余分な文字)の可能性が高いが(汪中説)、テキストを改めず、かりに丁杰説(孫詒讓引

く)に従い、「子」を「人子」の義に解しておく。あるいは「孝子曰」の「孝」字が脱落したものか。＊入――ともにもと「人」に誤る。戴震等に従い改める。＊悌弟――ともにもと「弟弟」に作る。『治要』により改める。

子《こ》は曰《い》う、「入《い》るべきや、吾《わ》れ其《そ》の過《あやま》ちを任《にん》じ、入《い》るべからざるや、吾《わ》れ其《そ》の罪《つみ》を辞《じ》す」と。詩《し》に云《い》う、[1]「子《こ》有《あ》り七人《しちにん》、母《はは》の心《こころ》を慰《なぐさ》むる莫《な》し」と、子《こ》の辞《じ》なり。「夙《つと》に興《お》き夜《よわ》に寐《い》ね、爾《なんじ》の所生《しょせい》を忝《はずかし》むること無《な》かれ」[2]と、自《みずか》ら舎《や》まざるを[3]言《い》う。其《そ》の親《おや》を恥《は》ずかしめざるは、君子《くんし》の孝《こう》なり。是《こ》の故《ゆえ》に未《いま》だ君《きみ》有《あ》らずして忠臣知《ちゅうしんし》るべき者《もの》、孝《こう》子《し》の謂《いい》なり。未《いま》だ長《ちょう》有《あ》らずして順下知《じゅんかし》るべき者《もの》、悌弟《ていてい》の謂《いい》なり。未《いま》だ治《おさ》むること有《あ》らずして能仕知《のうしし》るべき者《もの》、先脩《せんしゅう》の謂《いい》なり。[4]故《ゆえ》に曰《い》わく、「孝子《こうし》善《よ》く君《きみ》に事《つか》え、悌弟《ていてい》善《よ》く長《ちょう》に事《つか》う」と。君子《くんし》一《いっ》に孝《こう》に一《いっ》に悌《てい》なれば、終《お》わりを知《し》ると謂《い》うべし。

1『詩経』邶風・凱風《がいふう》篇。 **2** 夙に興き……忝むること無かれ――『孝経』士章の引詩(二二頁)参照。 **3** 舎まざる――「舎」は「捨」に通じ、「廃する」の意。 **4** 是の故に未だ君有らずして……先脩の謂なり――『孝経』広揚名章(四七頁)参照。

孝子ならば言う、「〔諫めを親が〕聞き入れた場合には、自分が親の過ちを引き受け〔て自分の落ち度とし〕、聞き入れない〔で親が罪を得た〕場合には、自分がその罪を弁解する〔ことによって親の罪とはしない〕」と。『詩経』に「七人の子がいるが、母の心を慰められなかった〔ので、母は去って他家へ嫁ごうとするのだ〕」とあるのが、孝子が〔親の罪を〕弁解したもの。また「朝は早くに起き出し、夜は遅くに床に就いて、そなたを生んだ父母の名を辱めることがないように」とあるのは、自ら怠ることがないことを言ったもの。〔かくして〕その親を辱めることのないのが、君子の孝なのだ。それゆえ、いまだ主君につかえていないのに忠臣となるであろうことが明らかである者、それが孝子だ。いまだ年長者につかえていないのに年長者に対して従順であろうことが明らかである者、それが悌弟《ていてい》(兄に従順な弟)だ。いまだ政治に従事していないのに、よく治めることができるであろうことが明らかである者、それが先脩《せんしゅう》(まず家において人の治めかたを習い修めた者)だ。だから「孝子はよく主君につかえ、悌弟はよく年長者につかえる」と言うのだ。君子はもっぱら孝・悌でありさえすれば、その〔主君につかえ、年長者につかえるという〕終わりの姿もわかると言えよう。

曾子大孝《そうしたいこう》

篇名は篇首の語による。本章は『礼記』祭義篇の中間の一段とほぼ一致し、また『呂氏春秋』孝行覧・孝行篇とも内容的に多く重複する。旧版は七章に分けるが、底本が三章に分けるのに従い、また第一章を七節に分けた。

一・一

曾子曰、孝有三、大孝尊親、其次不辱、其下能養。

曾子《そうし》曰《い》わく、孝《こう》に三有《さんあ》り、大孝《たいこう》は親《おや》を尊《たっと》くし[1]、其《そ》の次《つぎ》は辱《はずかし》めず、其《そ》の下《した》は能《よ》く養《やしな》う。

1 大孝は親を尊くし――『孝経』聖治章(三二頁)参照。

曾子は言われた、孝には三つのランクがある。最大の孝は親を尊いものとすること、その次は親を辱めないこと、その下は親を養うことだ。

一・二　公明儀問於曾子曰、夫子可謂孝乎。曾子曰、是何言與、是何言與。君子之所謂孝者、先意承志、諭父母於道。参直養者也、安能爲孝乎。

公明儀《こうめいぎ》[1]、曾子《そうし》に問《と》いて曰《い》わく、夫子《ふうし》は孝《こう》と謂《い》うべきか。曾子《そうし》曰《い》わく、是《こ》れ何《なん》の言《い》いぞや、是《こ》れ何《なん》の言《い》いぞや。君子《くんし》の所謂孝《いわゆるこう》は、意《い》に先《さき》んじ志《こころざし》を承《う》け、父母《ふぼ》を道《みち》に諭《さと》す。参《しん》は直《た》だ養《やしな》う者《もの》なり、[2]安《いず》くんぞ能《よ》く孝《こう》と為《な》さんや。

1 公明儀――曾子の弟子。　**2** 参は直だ養う者なり――「参」は曾子の名。謙遜して言う。『孟子』離婁篇上では、曾子の子の曾元《そうげん》の孝が「口体を養う」ものに過ぎないのに対して、曾子の孝は「志を養う」ものと評価されている。

〔弟子の〕公明儀《こうめいぎ》が曾子にたずねて言った、先生〔ご自身〕は孝〔を体現している〕と言えますか。曾子は言われた、何たることを言うのか、何たることを。君子が言う孝とは、〔父母の〕心の動きをあらかじめ察して、その意向に従いながらも、父母を道〔から外れることのないよう〕に導くもののこと。わたしは、ただ〔父母の心身を〕養う者に過ぎない。どうして孝〔を体現している〕と言えようか。

一・三　身者、親之遺體也。行親之遺體、敢不敬乎。故居處不莊、非孝也。事君不忠、非孝也。莅官不敬、非孝也。朋友不信、非孝也。戰陣無勇、非孝也。五者不遂、災及乎身、敢不敬乎。故烹熟鮮香、嘗而進之、非孝也、養也。君子之所謂孝者、國人皆稱願焉、曰、幸哉、有子如此、所謂孝也。

＊身——『礼記』祭義篇と『呂氏春秋』孝行覧・孝行篇によって「身」を「親」に改める説もあるが、文字を改めないでおく。

身《み》は、親《おや》の遺体《いたい》なり。[1]親《おや》の遺体《いたい》を行《おこな》うに、敢《あ》えて敬《けい》せざらんや。故《ゆえ》に居処荘《きょしょそう》[2]ならざるは、孝《こう》に非《あら》ざるなり。君《きみ》に事《つか》えて忠《ちゅう》ならざるは、孝《こう》に非《あら》ざるなり。官《かん》に莅《のぞ》みて敬《けい》ならざるは、孝《こう》に非《あら》ざるなり。朋友《ほうゆう》に信《しん》ならざるは、孝《こう》に非《あら》ざるなり。戦陣《せんじん》に勇無《ゆうな》きは、孝《こう》に非《あら》ざるなり。五者《ごしゃ》遂《と》げざれば、災《さい》、身《み》に及《およ》ぶ、敢《あ》えて敬《けい》せざらんや。故《ゆえ》に烹熟鮮香《ほうじゅくせんこう》[3]、嘗《なめ》てこれを進《すす》むるは、孝《こう》に非《あら》ざるなり、養《よう》なり。君子《くんし》の所謂孝《いわゆるこう》は、国人皆《こくじんみ》な称願《しょうがん》して、曰《い》わく、「幸《さいわ》いなるかな、子有《こあ》ること此《か》くの如《ごと》し」と、所謂孝《いわゆるこう》なり。

1 身は、親の遺体なり——自分の身体が親の遺《のこ》し伝えたものであることを言う。『孝経』開宗明義章（一二頁）参照。『礼記』哀公問篇・『大戴礼記』哀公問於孔子篇にも「君子は敬せざるなく、身を敬するを大となす。身なる者は、親の枝なり、敢えて敬せざらんや。其の身を敬すること能わざるは、是れ其の親を傷《やぶ》るなり。其の親を傷るは、是れ其の本を傷るなり。其の本を傷れば、枝は従いて亡ぶ」とある。 **2** 居処——家での普段のふるまい。 **3** 烹熟鮮香——「烹」は肉類を、「熟」は穀物を煮ること。「鮮」は「羶」に通じて、肉類の香り。「香」は穀物の香り。

自分の身体は、親の伝え遺した身体である。親の伝え遺した身体を用いるのであるから、どうしてつつしんで扱わないでよかろうか。だから、つね日頃のふるまいが端正でないのは、孝とは言えない。主君につかえてまごころを尽くさないのは、孝とは言えない。官職に就いて身を引き締めて職務に尽くさないのは、孝とは言えない。友人に対して誠実でないのは、孝とは言えない。戦陣に際して勇敢でないのは、孝とは言えない。この五つのことについて、立派に対処できなければ、そのわざわいは〔親の伝え遺した〕この身に及ぶことになるのだ。〔それはひいては親の名誉を傷つけることになるから〕どうしてその身をつつしまないでいられようか。だから獣肉や穀物の香り高い料理について、まず味見・毒味をしてから親にすすめるというのは、孝とは言えず、養(親の身体を養うこと)に過ぎない。君子の言う孝とは、国中の人が「なんとも幸運なこと、このような子を持てるのは」と称賛して〔そのような子を持つことを〕願うような形のもの。これが君子の言う孝だ。

一・四　民之本教曰孝、其行之曰養。養可能也、敬爲難。敬可能也、安爲難。安可能也、久爲難。久可能也、卒爲難。父母既歿、愼行其身、不遺父母惡名、可謂能終也。夫仁者、仁此者也。義者、宜此者也。忠*者、忠此者也。信者、信此者也。禮者、體此者也。行者、行此者也。彊者、彊此者也。樂自順此生、刑自反此作。

＊忠――もと「中」に作る。戴震に従い改める。

民《たみ》の本教《ほんきょう》を孝《こう》と曰《い》い、[1]其《そ》のこれを行《おこな》うを養《よう》と曰《い》う。養《よう》は能《よ》くすべきも、敬《けい》するを難《かた》しと為《な》す。[2]敬《けい》するは能《よ》くすべきも、安《やす》んずるを難《かた》しと為《な》す。安《やす》んずるは能《よ》くすべきも、久《ひさ》しきを難《かた》しと為《な》す。久《ひさ》しきは能《よ》くすべきも、卒《お》うるを難《かた》しと為《な》す。父母《ふぼ》既《すで》に歿《ぼっ》すれば、慎《つつし》みて其《そ》の身《み》を行《おこな》い、父母《ふぼ》に悪名《あくめい》を遺《のこ》さず、能《よ》く終《お》うると謂《い》うべし。[3]夫《そ》れ仁《じん》は、此《こ》れを仁《じん》とする者《もの》なり。[4]義《ぎ》は、此《こ》れを宜《ぎ》とする者《もの》なり。[5]忠《ちゅう》は、此《こ》れを忠《ちゅう》とする者《もの》なり。信《しん》は、此《こ》れを信《しん》とする者《もの》なり。礼《れい》は、此《こ》れを体《たい》する者《もの》なり。[6]行《こう》は、此《こ》れを行《おこな》う者《もの》なり。彊《きょう》は、此《こ》れに彊《つと》める者《もの》なり。楽《らく》は此《こ》れに順《したが》うより生《しょう》じ、刑《けい》は此《こ》れに反《はん》するより作《おこ》る。

1 民の本教を孝と曰い――『孝経』開宗明義章(一二頁)にも「夫れ孝は、徳の本なり、教えの由りて生ずる所なり」とある。 **2** 養は能くすべきも、敬するを難しと為す――『論語』為政篇2・7にも「今の孝は、是れ能く養うを謂う。犬馬に至るまで、皆な能く養うこと有り。敬せずんば何を以て別たん」とある。 **3** 父母既に歿すれば……能く終うると謂うべし――『孝経』開宗明義章(一二頁)参照。『礼記』内則篇にも「曾子曰く、……身を終うるとは、父母の身を終うるに非ず、其の身を終うるなり」とあり、また「父母没すと雖も、将に善を為さんとすれば、父母に令名を貽《おく》らんことを思いて、必ず果たす。将に不善を為さんとすれば、父母に羞辱《しゅうじょく》を貽らんことを思いて、必ず果たさず」とある。 **4** 夫れ仁は、此れを仁とする者なり……――以下の「此」字はすべて「孝」を指す。孝がすべての徳目の根本であり、仁・義等の個別の徳目は孝をある側面からとらえたものであることを言う。 **5** 義は、此れを宜とする者なり——「義」は「誼」とも記し、適宜の「宜」に通じる。

「礼（禮）」は「体（體）」に通じる。

6 礼は、此れを体する者なり——

民衆における根本の教えのことを「孝」と呼び、その〔父母の身体に対する〕実践のことを「養」と呼ぶ。〔親の身体を〕養うことはできても、〔親への〕敬意を表すことは難しい。敬意を表すことはできても、〔親に〕安楽に過ごしてもらうことは難しい。安楽に過ごしてもらうことはできても、それを持続することは難しい。〔親の存命中に〕それを持続することはできても、〔親の没後も我が身を全うして、孝を〕終えることは難しい。父母が没した後も、身のふるまいに慎んで、父母に悪名を残さないならば、〔孝を〕終えることができたと評してよいであろう。さて〔徳目としての〕仁とは、孝を仁（仁恩）という側面からとらえたものであり、義とは、孝を宜（行為における適切さ）という側面からとらえたものであり、忠とは、孝を忠《まごころ》という側面からとらえたものであり、信とは、孝を信《まこと》という側面からとらえたものであり、礼とは、孝を〔ふるまいの型として〕体現したものであり、〔あるべき〕行いとは、〔すなわち〕孝を行うことなのであり、強いとは、〔すなわち〕孝に強《つと》めることである。孝に従うことから楽しさが生まれ、孝に反することから刑が生じるのだ。

一・五　夫孝者、天下之大經也。夫孝、置之而塞於天地、衡之而衡於四海、施諸後世而無朝夕、推而放諸東海而準、推而放諸西海而準、推而放諸南海而準、推而放諸北海而準。詩云、自西自東、自南自北、無思不服、此之謂也。

夫《そ》れ孝《こう》は、天下《てんか》の大経《たいけい》なり。[1]夫《そ》れ孝《こう》は、これを置《たて》にしては[2]天地《てんち》に塞《ふさ》がり、これを衡《よこ》にしては四海《しかい》に衡《よこ》たわり、諸《これ》を後世《こうせい》に施《およぼ》しては朝夕無《ちょうせきな》く、推《お》して諸《これ》を東海《とうかい》に放《いた》して準《ただ》しく、推《お》して諸《これ》を西海《せいかい》に放《いた》して準《ただ》しく、推《お》して諸《これ》を南海《なんかい》に放《いた》して準《ただ》しく、推《お》して諸《これ》を北海《ほっかい》に放《いた》して準《ただ》し。詩《し》に云《い》う、「西《にし》よりし東《ひがし》よりし、南《みなみ》よりし北《きた》よりして、服《ふく》せざる無《な》し」と、此《こ》れの謂《いい》なり。

1 夫れ孝は、天下の大経なり――『孝経』三才章(二六頁)にも「夫れ孝は、天の経なり、地の義なり、民の行なり」とある。

2 夫れ孝は、これを置にしては……――「置」は「植《たてる》」に通じる。以下の表現は、『淮南子《えなんじ》』原道篇で万物の根源としての「道」が時空にわたって瀰漫《びまん》することを述べる「夫れ道は、……これを植《た》つれば天地に塞がり、これを横たうれば四海に弥《わた》り、これを施せば窮《きわま》り無くして朝夕する所無し」に類似する。また、ここに類似した考え方は『孝経』応感章（五二頁）にも「孝悌の至りは、神明に通じ、四海に光《み》ち、通ぜざる所無し」と示されており、引用される『詩経』の句も一致している。

さて孝とは、天下の大経（大いなる不変の道理）である。さて孝は、これを縦にすれば天地の間を充たし、横にすれば四海の間に横たわり、後世に及ぼしても朝となく夕となく〔いつでも通用し〕、東の海に推し至らせても、西の海に推し至らせても、南の海に推し至らせても、北の海に推し至らせても〔どこにおいても〕基準となる。『詩経』に「西から東から、南から北から、それに従わない者などないのだ」と言うのは、このことの謂《いい》だ。

一・六　孝有三、大孝不匱、中孝用勞、小孝用力。博施備物、可謂不匱矣。尊仁安義、可謂用勞矣。慈愛忘勞*、可謂用力矣。

＊愛――もと「受」に作る。戴震等に従い改める。

孝《こう》に三有《さんあ》り、[1]大孝《たいこう》は匱《とぼ》しからず、中孝《ちゅうこう》は労《ろう》[2]を用《もち》い、小孝《しょうこう》は力《ちから》を用《もち》う。博《ひろ》く施《ほどこ》し物《もの》を備《そな》う[3]るは、匱《とぼ》しからずと謂《い》うべし。仁《じん》を尊《たっと》び義《ぎ》に安《やす》んずるは、労《ろう》を用《もち》うと謂《い》うべし。慈愛《じあい》して労《ろう》を忘《わす》る[4]るは、力《ちから》を用《もち》うと謂《い》うべし。

1 孝に三有り……――以下「大孝」「中孝」「小孝」はそれぞれ天子、諸侯・卿・大夫・士、庶人の孝を言う(『礼記』祭義篇正義)。 **2** 労――功労。 **3** 博く施し物を備う――『論語』雍也篇6・30にも「能く博く民に施して能く衆を済《すく》う」とある。 **4** 慈愛して労を忘る――『礼記』祭義篇では「慈愛」の上に「思」字があり、「〔親からの〕慈愛を思う」の意となっているが、ここでは親に対する子の慈愛を言う。「労」は親のために骨折りする労苦。

孝には三つのランクがある。〔天子の〕大孝は世の中を欠乏の無い状態にする〔ことで、その豊かさでもって親への祭祀を行う〕もの。〔諸侯・卿《けい》・大夫・士の〕中孝は功労によ〔り名を揚げて、親を尊くす〕るもの。〔庶人の〕小孝は力を使〔って親を養〕うもの。ひろく万民に施して十分に物が備わるようにするならば、世の中を欠乏の無い状態にしたと言えよう。仁を尊び、義を安んじて行う〔ことにより功名を得る〕ならば、功労によっ〔て親を尊くし〕たと言えよう。親を慈しみ愛して〔親を養う〕労苦も忘れてしまうようならば、力を使っ〔て親を養っ〕たと言えよう。

一・七　父母愛之、喜而不忘。父母惡之、懼而無怨。父母有過、諫而不逆。父母既歿、以哀祀之。如此之*謂禮終矣。

*如此之――もと「加之如此」に作る。王念孫等に従い改める。

父母《ふぼ》これを愛《あい》すれば、喜《よろこ》びて忘《わす》れず。父母《ふぼ》これを悪《にく》めば、懼《おそ》れて怨《うら》む無《な》し。[1] 父母《ふぼ》過《あやま》ち有《あ》れば、諫《いさ》めて逆《さか》らわず。[2] 父母《ふぼ》既《すで》に歿《ぼっ》すれば、哀《あい》を以《もっ》てこれを祀《まつ》る。此《か》くの如《ごと》くんばこれ礼終《れいお》わると謂《い》う。

1 父母これを愛すれば……怨む無し――『孟子』万章篇上にも「父母これを愛すれば、喜びて忘れず。父母これを悪めば、労して怨みず」とある。**2** 父母過ち有れば、諫めて逆らわず――『礼記』内則篇にも「父母過ち有れば、気を下し色を怡《やわ》らげ、声を柔らげて以て諫む」

とある。

父母が自分のことを愛する場合には、よろこんで忘れることがない。父母が自分のことを憎む場合には、懼《おそ》れ慎んで怨みを懐《いだ》くことがない。父母に過ちがあれば、〔おだやかに〕諫めはするが逆らいはしない。父母が亡くなった後には、哀悼の心をもって父母を祀る。このようであれば、〔孝子としての〕礼を全うしたと言えよう。

二　樂正子春下堂而傷其足、傷瘳、數月不出、猶有憂色。門弟子問曰、夫子傷足瘳矣。數月不出、猶有憂色、何也。樂正子春曰、善如爾之問也。吾聞之曾子、曾子聞諸夫子。曰、天之所生、地之所養、人爲大矣。父母全而生之、子全而歸之、可謂孝矣。不虧其體、可謂全矣。故君子頃步之不敢忘也。今予忘夫孝之道矣。予是以有憂色。故君子一擧足、不敢忘父母、一出言、不敢忘父母。一擧足、不敢忘父母、是故*道而不徑、舟而不游、不敢以先父母之遺體行殆也。一出言、不敢忘父母、是故惡言不出於口、忿言不及於己。然后不辱其身、不憂其親、則可謂孝矣。

＊是――もと「是」字なし。王樹楠が『礼記』祭義篇および下文により補うのに従う。

楽正子春堂《がくせいししゅんどう》[1]を下《くだ》りて其《そ》の足《あし》を傷《きず》つけ、傷瘳《きずい》ゆるも、数月《すうげつ》出でずして、猶《な》お憂色有《ゆうしょくあ》り。門弟子《もんていし》問《と》いて曰《い》わく、夫子《ふうし》足《あし》を傷《きず》つけて瘳《い》えたり。数月《すうげつ》出でずして、猶《な》お憂色有《ゆうしょくあ》るは、何《なん》ぞやと。楽正子春曰《がくせいししゅんい》わく、善《よ》きかな[2]爾《なんじ》の問《と》えるや。吾《わ》れはこれを曾子《そうし》に聞《き》き、曾子《そうし》は諸《これ》を夫子《ふうし》[3]に聞《き》けり。曰《い》わく、天《てん》の生《しょう》ずる所《ところ》、地《ち》の養《やしな》う所《ところ》、人《ひと》を大《だい》と為《な》す。[4]父《ふ》母《ぼ》全《まった》くしてこれを生《う》み、子《こ》全《まった》くしてこれを帰《かえ》すは、孝《こう》と謂《い》うべし。其《そ》の体《たい》を虧《か》かざるは、全《まった》くすと謂《い》うべし。[5]故《ゆえ》に君子《くんし》は頃歩《けいほ》[6]にもこれ敢《あ》えて忘《わす》れずと。今予《いまわ》れ夫《か》の孝《こう》の道《みち》を忘《わす》る。予《わ》れ是《ここ》を以《もっ》て憂色有《ゆうしょくあ》りと。故《ゆえ》に君子《くんし》は、一《ひと》たび足《あし》を挙《あ》ぐるも、敢《あ》えて父母《ふぼ》を忘《わす》れず、一《ひと》たび言《げん》を出《い》だすも、敢《あ》えて父母《ふぼ》を忘《わす》れず。一《ひと》たび足《あし》を挙《あ》ぐるも、敢《あ》えて父母《ふぼ》を忘《わす》れず、是《こ》の故《ゆえ》に道《みち》ゆきて径《よこみち》せず、[7]舟《ふね》のりて游《およ》がず、敢《あ》えて先父母《せんふぼ》の遺体《いたい》を以《もっ》て殆《あや》うきを行《おこな》わず。一《ひと》たび言《げん》を出《い》だすも、敢《あ》えて父母《ふぼ》を忘《わす》れず、是《こ》の故《ゆえ》に悪言口《あくげんくち》より出《い》でず、忿言己《ふんげんおのれ》に及《およ》ばず。[8]然《しか》る后《のち》に其《そ》の身《み》を辱《はずかし》めず、其《そ》の親《おや》を憂《うれ》えしめざれば、則《すなわ》ち孝《こう》と謂《い》うべし。

1 楽正子春――曾子の弟子。 **2** 善きかな――「如」は「哉」に通じる。 **3** 夫子――ここは孔子を指す。次章も同じ。 **4** 天の生ずる所……人を大と為す――『孝経』聖治章(三二頁)にも「天地の性、人を貴しと為す」とある。 **5** 其の体を虧かざるは、全くすと謂うべし――身体保全が孝とされることについては、また『孝経』開宗明義章(一二頁)参照。 **6** 頃歩――一歩二歩。「頃」は「跬《き》」に音通(阮元説)、「歩(二歩)」の半分。この下の「之」字は「而」に通じる。 **7** 道ゆきて径せず――『論語』雍也篇6・14にも「行くに径《こみち》に由らず」とある。 **8** 悪言口より出でず、忿言己に及ばず――本孝篇第三章(一一八頁)参照。

楽正子春《がくせいししゅん》が堂から降りる際に足を傷つけた。傷が治った後も、数か月間外出せず、落ち込んだ様子であった。門弟子がたずねて言った。先生は足を傷つけられましたが、〔傷は〕もう治っておられます。なのに数か月間も外出されず、落ち込んでおられるのはどうしてですか。楽正子春は言った。すばらしい問いだ。わたしはこれを曾子よりうかがい、曾子は孔子より聞かれたそうだが、天が生み、地が養うもののうちで、もっとも優れているのは人だ。父母が完全な形で生み、子が完全な形で返すのが孝であり、〔この場合の〕「完全」とは、自らの身体を損なわないということなのだ。だから君子は一歩二歩のわずかな間にも〔その身を損なわない配慮、すなわち孝の道を〕忘れたりはしないのだと言われている。だが、わたしはこの度その孝の道を忘れていた。それゆえに落ち込んでいるのだ。だから君子は一挙一動の際にも父母のことを忘れることなく、一言半句を発する際にも父母のことを忘れることがないのだ。一挙一動の際にも父母のことを忘れることがないから、〔道を行く時は〕大通りを歩んで横道することがなく、〔水を渉《わた》る時には〕舟に乗って泳ぐことがなく、父母が残した身体を敢えて危険にさらすことがない。また、一言半句を発する際にも父母のことを忘れることがないから、〔他人に対する〕悪しき言葉がその口から出てくることはなく、〔それゆえ、他人からの〕怒りの言葉がその身に浴びせられることもない。かくして後に、その身を辱めることもなく、その親に心配をかけることもなくなる。されば孝と評してよいであろう。

三　草木以時伐焉、禽獣以時殺焉。夫子曰、伐一木、殺一獣、不以其時、非孝也。

草木《そうもく》は時《とき》を以《もっ》て伐《き》り、禽獣《きんじゅう》は時《とき》を以《もっ》て殺《ころ》す。夫子《ふうし》曰《い》わく、一木《いちぼく》を伐《き》り、一獣《いちじゅう》を殺《ころ》すに、其《そ》の時《とき》を以《もっ》てせざるは、孝《こう》に非《あら》ざるなりと。1

1 一木を伐り……孝に非ざるなり——草木や鳥獣のいのちへの思いやりを欠くからである。制言上篇(一六三頁)にも「六畜を殺すに当たらざれば親に及ぶ」とある。

草木を伐るのにも、鳥獣を殺すのにも然るべき時節において行う。孔子も言われている、一本の木を伐り、一匹の獣を殺すのに、その時節を過《あやま》つようであれば、孝とは言えないのだと。

曾子《そうし》事《じ》父母《ふぼ》

篇名は篇首の語から取ったもの。

一　單居離問於曾子曰、事父母有道乎。曾子曰、有、愛而敬。父母之行、若中道則從、若不中道則諫。諫而不用、行之如由己。從而不諫、非孝也。諫而不從、亦非孝也。孝子之諫、達善而不敢爭辨。爭辨者、亂之*所由興也。由己爲無咎則寧、由己爲賢人則亂。孝子無私憂*無私樂、父母所憂憂之、父母所樂樂之。孝子唯巧變、故父母安之。若夫坐如尸、立如齊、弗訊不言、言必齊色、此成人之善者也、未得爲人子之道也。

＊亂之――もと「亂」上に「作」字あり。王念孫に従い削る。　＊無私憂――もとこの三字なし。阮元が補うのに従う。『説郛』および『内礼』にもこの三字が見える。

単居離《ぜんきょり》[1]、曾子《そうし》に問《と》いて曰《い》わく、父母《ふぼ》に事《つか》うるに道有《みちあ》るかと。曾子《そうし》曰《い》わく、有《あ》り、愛《あい》して敬《けい》す。父母《ふぼ》の行《こう》、若《も》し道《みち》に中《あ》たれば則《すなわ》ち従《したが》い、若《も》し道《みち》に中《あ》たらざれば則《すなわ》ち諫《いさ》む。諫《いさ》めて用《もち》いられざれば、これを行《おこな》うこと己《おのれ》に由《よ》るが如《ごと》くす。従《したが》いて諫《いさ》めざるは、孝《こう》に非《あら》ざるなり。諫《いさ》めて従《したが》わざるも、亦《ま》た孝《こう》に非《あら》ざるなり。[2]孝子《こうし》の諫《かん》は、善《ぜん》を達《いた》して敢《あ》えて争辨《そうべん》せず。争辨《そうべん》するは、乱《らん》の由《よ》りて興《お》こる所《ところ》なり。[3]己《おのれ》に由《よ》りて咎無《とがな》からんと為《な》さば則《すなわ》ち寧《やす》く、己《おのれ》に由《よ》りて人《ひと》に賢《まさ》らんと為《な》さば則《すなわ》ち乱《みだ》る。[4]孝子《こうし》は私《わたくし》の憂《うれ》い無《な》く私《わたくし》の楽《たの》しみ無《な》し、父母《ふぼ》の憂《うれ》うる所《ところ》はこれを憂《うれ》い、父母《ふぼ》の楽《たの》しむ所《ところ》はこれを楽《たの》しむ。[5]孝子《こうし》は唯《た》だ巧《たく》みに変《へん》ず、故《ゆえ》に父母《ふぼ》これに安《やす》んず。夫《か》の坐《ざ》すれば尸《かたしろ》の如《ごと》く、立《た》てば斉《ものいみ》の如《ごと》く[6]、訊《と》わざれば言《い》わず、言《い》えば必《かなら》ず色《いろ》を斉《ただ》すが若《ごと》きは、此《こ》れ成人《せいじん》の善《ぜん》なる者《もの》なり、[7]未《いま》だ人子《じんし》の道《みち》と為《な》すを得《え》ずと。

1 単居離――曾子の弟子。 **2** 諫めて従わざるも、亦た孝に非ざるなり――『礼記』曲礼下篇に「子の親に事うるや、三たび諫めて聴かれざれば、則ち号泣してこれに随う」とあるように、最終的には親に従うのが孝であるとされる。 **3** 争辨するは、乱の由りて興こる所なり――『孟子』離婁篇上も「父子の間は善を責めず、善を責むれば則ち離る、離るれば則ち不祥焉《これ》より大なるは莫し」と、父子の間で善(正しさ)をめぐって争うことを戒めている。**4** 己に由りて咎無からんと……則ち乱る――「己に由る」は「己の諫めに由る」の意。親が過《あやま》つのを見るのは忍びないとして諫めるのはよいが、親を教導しようとしてはならないのである。**5** 父母の憂うる所は……これを楽しむ――『礼記』内則篇にも「曾子曰わく、……父母の愛する所は亦たこれを愛し、父母の敬する所は亦たこれを敬す」とある。**6** 夫の坐すれば尸の如く、立てば斉の如く――「尸」は祭祀において祖先の霊を寄り付かせるかたしろ。「斉」は斎戒の「斎」に通じる。この二句は『礼記』曲礼上篇にも見える。**7** 此れ成人の善なる者なり――『礼記』祭義篇にも「厳威儼恪《げんかく》なるは、親に事うる所以に非ず、成人の道なり」とある。

単居離《ぜんきょり》が曾子に質問して言った、父母におつかえするのに道がありますか。曾子は言われた、ある。愛して、敬うことだ。父母の行いがもし道義にかなっているのであれば父母に従い、道義にかなっていないのであれば父母を諫める。諫めて聞き入れられない場合は、父母の行いが〔子である〕自分の責任でそのようになってしまったかのようにふるまう。父母に従うだけで諫めないというのは孝ではないし、〔逆に〕諫めるばかりで父母に従わないというのもまた孝ではない。孝子が親を諫める場合は、正しいことを申し上げるだけで、強く主張して争ったりしない。強く主張して争うのは、〔親子の関係を〕乱す原因となる。自分が諫めることで親にわざわいが無いようにしようとするのであれば〔親子の関係は〕安寧であるが、〔思い上がって〕自分が諫めることで親を人よりすぐれるようにしようとするのであれば〔親子の関係は〕混乱する。孝子には私的な心配も私的な楽しみもない。父母が心配するものを自分も心配し、父母が楽しむものを自分も楽しむ。孝子はただ〔父母の意向に従って〕巧みに対応を変えるだけだ。だから父母は彼に満足していられるのだ。坐る場合には〔祀りの時の〕尸《かたしろ》のように〔端正に〕坐り、立つ場合には斎戒の時のように〔端正に〕立ち、〔目上の人から〕尋ねられなければ〔自分から〕話をすることはせず、〔尋ねられて〕話をする場合には神妙な面持ちで答えるというようなことは、成人が〔家の外で〕ふるまうときに善しとされるものであって、人の子の道とすることはできないのだ。

二　單居離問曰、事兄有道乎。曾子曰、有、尊視*之以爲己望*、兄事之不遺其言。兄之行若中道、則兄事之。兄之行若不中道、則兄事之、詘事兄之道、若不可、然后舍之矣。夫弟者、*飲食以歯、力事不譲、辱事不齒。執觴觚杯豆而不醉、和歌而不哀。不衡坐、不苟越、不干逆色。趨翔周旋俛仰從命、不見於顔色、未成於弟也。*

＊尊視――もと「尊事」に作る。『儀礼経伝通解』内則第五が「尊視」に作るのに従い改める。＊己望――もと「望」下に「也」字あり。王念孫に従い削る。＊夫弟者――この三字はもと下文の「不衡坐」の上にあり。孔広森に従い移す。＊則兄事之……未成於弟也――この七十三字はもと、本篇第三章の「弟之行若不中道」（一五六頁）の下にあり。旧版が「則兄事之」から「然后舍之矣」までの十七字をここに移すのに従い、「飲食以歯」以下の部分もまた弟の道を説くことからあわせてここに移す。

単居離《ぜんきょり》問《と》いて曰《い》わく、兄《あに》に事《つか》うるに道《みち》有《あ》るかと。曾子《そうし》曰《い》わく、有《あ》り、これを尊視《そんし》して以《もっ》て己《おの》が望《のぞ》みと為《な》し、これに兄事《けいじ》して其《そ》の言《げん》を遺《わす》れず。兄《あに》の行若《こうも》し道《みち》に中《あ》たれば、則《すなわ》ちこれに兄事《けいじ》す。兄《あに》の行若《こうも》し道《みち》に中《あ》たらざれば、則《すなわ》ちこれに兄事《けいじ》するも、兄《あに》に事《つか》うるの道《みち》を詘《つ》くして、[1]若《も》し不可《ふか》なれば、然《しか》る后《のち》にこれを舍《す》つ。[2]夫《そ》れ弟《てい》は、飲食《いんしょく》は歯《よわい》を以《もっ》てし、[3] 力事《りきじ》は譲《ゆず》らず、辱事《じょくじ》は歯《よわい》もてせず。[4] 觴《しょう》・觚《こ》・杯《はい》・豆《とう》[5] を執《と》りて酔《よ》わず、和《わ》して歌《うた》うに哀《かな》しまず。衡坐《こうざ》せず、[6] 苟《いやし》くも越《こ》えず、[7] 逆色《げきしょく》[8] を干《おか》さず。趨翔《すうしょう》・周旋《しゅうせん》・俛仰《ふぎょう》[9] に命《めい》に従《したが》うも、顔色《がんしょく》に見《あらわ》れざれば、未《いま》だ弟《てい》と成《な》さず[10] と。

1 詘くして――「詘」は「尽《つくす》」の意。 **2** 舎つ――「舎」は「捨」に通じる。 **3** 歯を以てし――年長者から順にする。「歯」は年齢。 **4** 辱事は歯もてせず――『国語』呉語にも「夫れ危事は歯もてせず」とある。 **5** 觴・觚・杯・豆――ひろく飲器を指して言う。「觴」は酒を満たしたさかずき、「觚」はやや小ぶりのさかずき、「豆」もさかずき。 **6** 衡坐せず――肱を広げて坐らない。『礼記』曲礼上篇にも「並び坐するに肱を横《ひろ》げず」とある。 **7** 越えず――「越」は『礼記』仲尼燕居篇「子貢越席して対《こた》う」の「越席」の意に解する。席次を越えて応対する。 **8** 逆色――不機嫌なようす。 **9** 趨翔・周旋・俛仰――立ち居振る舞いの全般を指す。「趨翔」は歩き方、「周旋」は体の動かし方、「俛仰」は頭の上げ下げについて言う。 **10** 弟と成さず――「弟」は「悌」に通じる。

単居離が質問して言った、兄につかえるのに道がありますか。曾子は言われた、ある。兄を仰ぎ視て、自分も兄のようになりたいと願い、兄につかえて、兄から言われた言葉を忘れないことだ。兄の行いがもし道義にかなっているのであれば、そのまま兄として敬ってつかえ、兄の行いが道義にかなっていない場合にも、〔しばらくは〕兄として敬ってつかえ〔そのことによって兄が正道に返ることを期待す〕るが、兄につかえる道をいくら尽くしても、兄の行いが改まらないならば、その時には兄として敬ってつかえることを〔しばらく〕やめるのだ。さて、〔年少者たる〕弟は、飲食の場面では年長者を優先し、力仕事は〔年少者が〕率先して行い、〔掃除などの〕手を汚す仕事は年齢順にしない〔で年少者が行う〕。杯を執る〔宴席の〕場では〔年長者を前にして〕酔ったりしないし、〔年長者に〕和して歌う時には〔自分が哀しい気分であっても〕楽しげに歌う。〔年長者の前では〕肱を広げて坐らないし、〔与えられた席次を〕ゆるがせにしてとび越し〔て応対し〕たりしないし、年長者を不機嫌にさせるようなこともしない。〔ただ、そのように〕立ち居振る舞いのすべてにおいて年長者の命に従っていても、〔恭順の意が〕顔色にあらわれていなければ、〔年長者によくつかえる〕悌とは言えないのだ。

三　單居離問曰、使弟有道乎。曾子曰、有、嘉事不失時也。弟之行若中道、則正以使之。弟之行若不中道、則養之。養之內、不養於外、則是越之也。養之外、不養於內、則是疏之也。是故君子內外養之也。*

＊則養之……內外養之也――この三十六字はもと、本篇第二章の「兄之行若不中道」(一五三頁)の下にあり。旧版に従いここに移す。

単居離《ぜんきょり》問《と》いて曰《い》わく、弟《おとうと》を使《つか》うに道《みち》有《あ》るかと。曾子《そうし》曰《い》わく、有《あ》り、嘉事《かじ》は時《とき》を失《うしな》わざるなり。弟《おとうと》の行若《こうも》し道《みち》に中《あ》たれば、則《すなわ》ち正以《せいもっ》てこれを使《つか》う。弟《おとうと》の行若《こうも》し道《みち》に中《あ》たらざれば、則《すなわ》ちこれに養《おし》う[1]。これを内《うち》に養《おし》えて、外《そと》に養《おし》えざれば、則《すなわ》ち是《こ》れこれを越《おと》[2]すなり。これを外《そと》に養《おし》えて、内《うち》に養《おし》えざれば、則《すなわ》ち是《こ》れこれを疏《うと》んずるなり。是《こ》の故《ゆえ》に君子《くんし》は内外《ないがい》これを養《おし》うと。

1 養う――教え導く。『孟子』離婁篇下「中は不中を養《おし》え、才は不才を養う、故に人、賢父兄あるを楽しむ」の「養」に同じ(孔広森説)。**2** 越す――「越」は「蹶《つまずく》」に通じる。

単居離が質問して言った、弟を使うのに道がありますか。曾子は言われた、ある。善事にはそのタイミングを逃さない〔で弟に善事を行わせる〕ことだ。弟の行いがもし道義にかなっていれば、正しいしかたで弟を使い、弟の行いが道義にかなっていなければ、これを教え導く。家の内では教え導くのに、家の外では教え導かないというのでは、弟をつまずかせてだめにすることになるし、家の外では教え導くのに、〔人目に付かない〕家の内では教え導かないというのでは、弟を〔実は〕疎《うと》んじていることになる。だから君子は家の内でも家の外でも〔均しく〕弟を教え導くのだ。

四　曾子曰、夫禮、大之由也、不與小之自也。*

*この十五字はもと、本篇第二章の「然后舍之矣」（一五三頁）の下にあり。旧版に従い独立させる。

曾子《そうし》曰《い》わく、夫《そ》れ礼《れい》は、大《だい》にこれ由《よ》り[1]、小《しょう》にこれ自《よ》るを[1]与《ゆる》さず。

1 大にこれ由り／小にこれ自る——「由大（大に由る）」「自小（小に自る）」の倒置的表現。「大」「小」は、それぞれ年長者、年少者を指す（王聘珍説）。

曾子は言われた、礼は、大きなもの(年長者)に従う形で定められている。小さなもの(年少者)に従う形で定めることは認められていない。

曾子《そうし》制言《せいげん》上

篇名の由来は不明。「制言」は「法言」に通じて、法《のっと》るべき言葉の意か。この篇だけが上中下に分篇されている理由も不明。

一　曾子曰、夫行也者、行禮之謂也。夫禮、貴者敬焉、老者孝焉、幼者慈焉、少者友焉、賤者惠焉、此禮也。行之則行也、立之則義也。今之所謂行者、犯其上、危其下、衡道而彊立之、天下無道故。若天下有道、則有司之所求也。故君子不貴興道之士、而貴有恥之士也。若由富貴興道者與貧賤、吾恐其或失也。若由貧賤興道者與富貴、吾恐其羸*驕也。夫有恥之士、富而不以道則恥之、貧而不以道則恥之。

＊羸――もと「羸」に作る。戴震等に従い改める。

曾子《そうし》曰《い》わく、夫《そ》れ行《こう》なる者《もの》は、礼《れい》を行《おこな》うの謂《いい》なり。[1]夫《そ》れ礼《れい》は、貴者《きしゃ》は焉《これ》を敬《うやま》い、老《ろう》者《しゃ》は焉《これ》を孝《やしな》い[2]、幼者《ようしゃ》は焉《これ》を慈《いつく》しみ、少者《しょうしゃ》は焉《これ》を友《ゆう》し[3]、賤者《せんしゃ》は焉《これ》に恵《めぐ》む、此《こ》れ礼《れい》なり。これを行《おこな》うは則《すなわ》ち行《こう》なり、これに立《た》つるは則《すなわ》ち義《ぎ》なり。今《いま》の所謂行《いわゆるこう》は、其《そ》の上《かみ》を犯《おか》し、其《そ》の下《しも》を危《あや》うくし、道《みち》を衡《ま》げて[4]彊《し》いてこれに立《た》つ、天下《てんか》に道無《みちな》きが故《ゆえ》なり。若《も》し天下《てんか》に道有《みちあ》れば、則《すなわ》ち有司《ゆうし》[5]の求《もと》むる所《ところ》なり。故《ゆえ》に君子《くんし》は道《みち》を興《よろこ》ぶ[6]の士《し》を貴《たっと》ばずして、恥《は》ずる有《あ》るの士《し》を貴《たっと》ぶ。若《も》し富貴《ふうき》に由《よ》りて道《みち》を興《よろこ》ぶ者貧賤《ものひんせん》に与《あずか》れば、吾《わ》れ其《そ》の或失《わくしつ》[7]せんことを恐《おそ》る。若《も》し貧賤《ひんせん》に由《よ》りて道《みち》を興《よろこ》ぶ者富貴《ものふうき》に与《あずか》れば、吾《わ》れ其《そ》の嬴驕《えいきょう》[8]ならんことを恐《おそ》る。夫《そ》れ恥《は》ずる有《あ》るの士《し》は、富《と》むも道《みち》を以《もっ》てせざれば則《すなわ》ちこれを恥《は》じ、貧《まず》しきも道《みち》を以《もっ》てせざれば則《すなわ》ちこれを恥《は》ず。

1 行なる者は、礼を行うの謂なり……――『礼記』聘義篇にも「行い有るを貴ぶ所の者は、其の礼を行うを貴ぶなり」とある。以下、「賤者は焉に恵む」までは『荀子』大略篇に重複文が見える。 **2** 孝い――「孝」は「畜《やしなう》」の意。『礼記』祭統篇にも「孝とは、畜なり」とある。 **3** 友し――親しみ愛する。 **4** 衡げて――縦に真っすぐのものを曲げて横にする。「衡」は「横」の意。 **5** 有司――官吏。 **6** 興ぶ――「興」は「喜」の意。 **7** 或失――「或」は

「惑」に通じる。

8　羸驕――おごりたかぶる。

曾子は言われた、さて行いとは、礼を行うということなのだ。さて礼とは、高貴な者を敬い、年長者を養い、幼い者を慈しみ、年少者を愛し、卑賤の者に施すということ、これが礼なのだ。この礼を行うことが〔本来あるべき〕行いなのであり、この礼の上に立ってふるまうことが義なのである。いま〔世に〕言われている行いとは、上の者を侵犯し、下の者に危害を加え、〔縦に真っすぐな〕道を横に曲げて無理にその〔曲げた道の〕上に立ってことを行う〔ものだ〕。天下に道が行われていないからである。もし天下に道が行われていたならば、〔いま世に言われている行いなどは〕役人が探し求め〔て処罰す〕るようなものだ。だから君子は道をよろこんで語る人物を貴ばずに、恥を知る人物を貴ぶのだ。富貴〔の身にあって、余裕があるが〕故に道をよろこんで語る者は、貧賤に陥れば自らを見失ってしまうかも知れないし、貧賤〔の身にあって、それを肯定するが〕故に道をよろこんで語る者は、富貴に到ればおごりたかぶるかも知れない。恥を知る人物は、富貴にあっても、貧賤にあっても、道ならざることをすれば、それを恥じるものだ。

二　弟子無曰不我知也。鄙夫鄙婦相會于*盧陰、可謂密矣、明日則或揚其言矣。故士執仁與義而*不聞、行之未篤故也。胡爲其莫之聞也。

＊盧——もと「廧(＝墻)」に作る。九条家本・金沢文庫本『治要』により改める。＊不聞——もと「明」の一字に作る。王引之が『治要』により改めるのに従う。

弟子《ていし》よ、我《わ》れを知《し》らずと曰《い》うこと無《な》かれ。鄙夫《ひふ》・鄙婦《ひふ》の盧陰《おういん》[1]に相《あ》い会《かい》するは、密《みつ》と謂《い》うべきも、明日則《みょうじつすなわ》ち其《そ》の言《げん》を揚《あ》ぐるもの或《あ》り。故《ゆえ》に士《し》の仁《じん》と義《ぎ》とを執《と》りて聞《き》こえざるは、これを行《おこな》うこと未《いま》だ篤《あつ》からざるが故《ゆえ》なり。胡為《なんす》れぞ其《そ》れこれを聞《き》くこと莫《な》からんや。

1　盧陰——「盧」は山麓の洞穴。

弟子達よ、「〔人々が〕自分のことを知らない」などと言ってはならない。いやしき男女が〔村外れの〕山麓の洞穴《ほらあな》の陰でこっそり出会うのは、人目を避けてのことではあるが、それでも明日になれば誰かがそのことを言いふらしたりするものだ。だから士が仁義を堅く守っても人に知られないというのは、仁義を行うことがまだ十分ではないからだ。〔十分であったならば〕どうして人に知られないということがあろう。

三　殺六畜不當及親、吾信之矣。使民不時失國、吾信之矣。

六畜《りっきゅう》を殺《ころ》すに当《あ》たらざれば親《おや》[1]に及《およ》ぶ、吾《わ》れこれを信《しん》ず。民《たみ》を使《つか》うに時《とき》ならざれば国《くに》を失《うしな》う[2]、吾《わ》れこれを信《しん》ず。

1 六畜を殺すに当たらざれば——「六畜」は、馬・牛・羊・豕《ぶた》・犬・鶏。一般に家畜のこと。大孝篇（一四八頁）にも「禽獣は時を以て殺す」とある。 **2** 民を使うに時ならざれば国を失う——『論語』学而篇1・5に「民を使うに時を以てす」とある。

家畜を〔礼の規定する〕時節に当たらないで殺すようでは〔残忍の心を長じさせることになり、やがてはその害が〕親にまで及ぶと言うが、わたしもそう思う。〔みだりに民衆を使役して〕適切な時を選んで民衆を使わないようでは国家を失うことになると言うが、わたしもそう思う。

四　蓬生麻中、不扶自直、白沙在泥、與之皆黑。是故人之相與也、譬如舟車然、相濟達也。己先則援之、彼先則推之。是故人非人不濟、馬非馬不走、土非土不高、水非水不流。

蓬《ほう》[1]も麻中《まちゅう》に生《しょう》ずれば、扶《たす》けずして自《おのずか》ら直《なお》く、白沙《はくしゃ》も泥《どろ》に在《あ》れば、これと皆《とも》に黒《くろ》し[2]。是《こ》の故《ゆえ》に人《ひと》の相《あ》い与《とも》にするや、譬《たと》えば舟車《しゅうしゃ》の如《ごと》く然《しか》り、相《あ》い済《わた》り達《たっ》するなり。己先《おのれさき》んずれば則《すなわ》ちこれを援《ひ》き、彼《か》れ先《さき》んずれば則《すなわ》ちこれを推《お》す。是《こ》の故《ゆえ》に人《ひと》は人《ひと》に非《あら》ざれば済《な》らず、馬《うま》は馬《うま》に非《あら》ざれば走《はし》らず、土《つち》は土《つち》に非《あら》ざれば高《たか》からず、水《みず》は水《みず》に非《あら》ざれば流《なが》れず[3]。

1 蓬——ムカシヨモギのなかま。頭花を多数つけて上が広く下が細いので倒れやすく抜けやすい。 **2** 白沙も泥に在れば、これと皆に黒し——王念孫は、「沙」は「紗《しろぎぬ》」に通じ、「泥」

は「涅《でつ》(黒の染料)」に通じるとするが、阮元に従い如字に読む。以上の四句は「直」「黒」で押韻し、古語を引いたものと考えられ、類似句が『荀子』勧学篇などにも見える。 **3** 土は……流れず——『逸周書』文儆解に重複句が見え、「土」を「壤(壌)」に作る。

〔倒れやすい〕蓬《ほう》も麻の中で生え育てば、ささえてやらなくても自ずとまっすぐに育つし、白砂も泥の中にあれば、泥とともにみな黒くなる。だから人が互いに一緒に行動するというのは、譬えて言えば舟〔で渡り〕、車〔で行くこと〕のようなもの、互いに協力して〔川を〕渡り〔遠くへと〕達するのだ。自分が前にいれば後ろの者を引いてやるし、他人が前にいればその人を推してやる。だから人は人と〔協力するの〕でなければものごとは成らないし、馬は馬と〔ともに走るの〕でなければ〔速く〕走らないし、土は土と〔積み上げるの〕でなければ高くはならないし、水は水と〔一緒になるの〕でなければ流れない〔と言うのだ〕。

五　君子之爲弟也、行則爲人負、無席則寢其趾、使之爲夫人則否。近市無賈、在田無野、行無據旅。苟若此、則夫杖可因篤焉。

君子《くんし》の弟《てい》たるや、行《ゆ》けば則《すなわ》ち人《ひと》の為《ため》に負《にな》い、席無《せきな》[1]くんば則《すなわ》ち其《そ》の趾《あし》に寝《い》ね、これをして夫人《ひとびと》を為《いつわ》らしむれば則《すなわ》ち否《しかせ》ず[2]。市《いち》に近《ちか》きも賈無《こな》く、田《た》に在《あ》るも野無《やな》く、行《おこな》いに拠旅無《きょりょな》し。[3] 苟《いやし》くも此《か》くの若《ごと》くんば、則《すなわ》ち夫杖因《ふじょうよ》りて篤《あつ》かるべし。[4]

1 席——敷物。 **2** これをして夫人を為らしむれば則ち否ず——不詳。句に誤りがあると思われるが、王聘珍が「為」を「偽」に読むのに従い、『春秋左氏伝』襄公八年の「夫人愁痛」に杜預《どよ》が「夫人は猶お人人のごとし」と注するのを参照して、「夫人」を「人々」の意で解しておく。以上三句は、「負」「趾」「否」で押韻しており、古語が引かれたものと考えられる。 **3** 市に近きも……拠旅無し——不詳。三句は「賈」「野」「旅」で押韻しており、類似句が『説苑《ぜいえん》』談叢篇にも見えることから、古語が引かれたものと考えられる。ここでは兪樾が「賈」を「商賈の心」、「野」を「鄙野の態」に解し、「拠旅」を「旅距(従わないさま)」と同義とするのに従っておく。 **4** 夫杖因りて篤かるべし——戴礼に従い「夫」を「扶」に読んで解しておく。「夫(=扶)杖」は年長者の助けとなること。「杖」を「材」の誤りとし、これを『礼記』中庸篇の「其の材に因りて篤し(因其材而篤焉)」に結びつける説もあるが、中庸篇とは句形が異なるので採らない。

君子の年少者としてのふるまいは、道を行く時は年長者のために荷物を担い、〔寝るべき場所を定める〕敷物がない場合には、年長者の足下に寝て、〔普段は年長者が言うことに従うものの〕もし人々を偽るようなことを命じられたならばそれは行わない。市場《いちば》に近づいても商売に関心を持たず、田野にあっても野鄙《やひ》にならず、行いに従順ならざる態度はない。このようであれば、年長者の助けとして十分にふるまえるであろう。

六　富以苟、不如貧以譽。生以辱、不如死以榮。辱可避、避之而已矣。及其不可避也、君子視死若歸。

富《と》みて以《もっ》て苟《はじ》[1]あるは、貧《まず》しくして以《もっ》て誉《ほま》れあるに如《し》かず。生《い》きて以《もっ》て辱《はずかし》めらるるは、死《し》して以《もっ》て栄《は》えあるに如《し》かず。辱《はずかし》めは避《さ》くべくんば、これを避《さ》くるのみ。其《そ》の避《さ》くべからざるに及《およ》んでは、君子《くんし》死《し》を視《み》ること帰《かえ》るが若《ごと》し[2]。

1 苟――「苟且《かりそめ》」の義に解する説もあるが、孫詒讓に従い「訽」に読む。「訽」は「詬《はじ》」に同じ。　**2** 辱めは……帰るが若し――『春秋繁露』竹林篇に「曾子曰」を冠した重複文が見える。

裕福で恥をさらして生きるよりは、貧しくても誉れあるのがよい。生きて辱めを受けるよりは、栄《は》えある死を選ぶのがよい。辱めは可能な限り避ける努力をするが、どうしても避けられないとなれば、君子は〔帰るべきところに〕帰るかのように死を選ぶのだ。

七　父母之讎、不與同生。兄弟之讎、不與聚國。朋友之讎、不與聚鄉。族人之讎、不與聚鄰。

父母《ふぼ》の讎《あだ》[1]は、与《とも》に生《せい》を同《おな》じくせず。兄弟《けいてい》の讎《あだ》は、与《とも》に国《くに》に聚《あつ》まらず。朋友《ほうゆう》[2]の讎《あだ》は、与《とも》に郷《きょう》に聚《あつ》まらず。族人《ぞくじん》の讎《あだ》は、与《とも》に隣《となり》に聚《あつ》まらず。

1 父母の讎は……――『礼記』曲礼上篇にも「父の讎は、与共《とも》に天を戴かず。兄弟の讎は、兵を〔取りに〕反《かえ》らず〔して闘う〕。交遊の讎は、国を同じくせず」とあり、同様の記載は、『礼記』檀弓上篇、『周礼』地官・調人にも見える。**2** 朋友――同門同志の友人と解しておくが、金文ではこの語が親しく交際している同族の意で用いられており、この古い用法による可能性もある。

父母の仇とはこの世をともにしない〔で必ず復讐する〕。兄弟の仇とは国をともにしない。〔同門同志の〕友人の仇とは地域をともにしない。同族の仇とは集落をともにしない。

八　良賈深藏如虛、君子有盛教如無。

良賈《りょうこ》は深《ふか》く蔵《ぞう》して虚《むな》しきが如《ごと》く、君子《くんし》は盛教有《せいきょうあ》れども無《な》きが如《ごと》し。1

1「虚」と「無」で押韻。『史記』老子伝にも老子の語として「吾れこれを聞けり、良賈は深く蔵して虚しきが如く、君子は盛徳にして、容貌愚なるが若し」と見える。『論語』泰伯篇8・5にも「曾子〔友の顔回《がんかい》を言いて〕曰く、……有れども無きが若く、実《み》つれども虚しきが若し」とあり、『大戴礼記』衛将軍文子篇では「曾参《そうしん》の行」が「満つれども満たざるが而《ごと》く、実つれども虚しきが如く、これに過ぎれども及ばざるが如し」と評されている。

よい売り手は〔よい品を持っていても〕深く隠して何も持っていないかのようにする。君子はすぐれた教えを身につけていても〔いたずらに誇ることなく〕何も身につけていないかのようにする。

九 弟子問於曾子曰、夫士何如則可以爲達矣。曾子曰、不能則學、疑則問、欲行則比賢、雖有險道、循行達矣。今之弟子、病下人、不知事賢、恥不知而又不問、欲作則其知不足。是以惑闇、惑闇終其世而已矣、是謂窮民也。

弟子《ていし》、曾子《そうし》に問《と》いて曰《い》わく、夫《そ》れ士《し》は何如《いか》なれば則《すなわ》ち以《もっ》て達《たつ》と為《な》すべきかと。[1] 曾子《そうし》曰《い》わく、能《あた》わざれば則《すなわ》ち学《まな》び、疑《うたが》わしきは則《すなわ》ち問《と》い、[2] 行《おこな》わんと欲《ほっ》すれば則《すなわ》ち賢《けん》に比《なら》い、険道有《けんどうあ》りと雖《いえど》も、循《したが》い行《ゆ》けば達《たっ》す。今《いま》の弟子《ていし》は、人《ひと》に下《くだ》る[3]を病《や》みて、賢《けん》に事《つか》うるを知《し》らず、知《し》らざるを恥《は》じて又《ま》た問《と》わず、作《な》さんと欲《ほっ》すれば則《すなわ》ち其《そ》の知《ち》は足《た》らず。是《ここ》を以《もっ》て惑闇《わくあん》し、惑闇《わくあん》して其《そ》の世《よ》を終《お》うるのみ、是《こ》れ窮民《きゅうみん》[4]と謂《い》うと。

1 夫れ士は何如なれば則ち以て達と為すべきか――「達」は他から抜きん出て高いレベルに達していること。『論語』顔淵篇12・20にも子張《しちょう》の問いとして「士何如なれば斯《こ》れこれを達と謂うべき」とある。 **2** 能わざれば則ち学び、疑わしきは則ち問い――『論語』公冶長篇5・15にも「敏にして学を好み、下問を恥じず」とある。 **3** 人に下る――『論語』顔淵篇12・20で「達」について問われた孔子も「慮《はか》りて以て人に下る」と答えている。 **4** 窮民――「窮」

は身動きが取れないこと。

弟子が曾子に質問して言った、士はどのようであれば「達(抜きん出ている)」と言えますか。曾子は言われた、できないことは学んでできるようにし、疑問があれば問うて解決し、何かを行おうと思った時は賢者の行いに倣い、困難な道でも避けずに踏み進んで行けば、〔高いレベルに〕達することになろう。今の弟子たちは、人の下に就くのを嫌い、賢者につかえることを知らず、無知がばれるのを恥じて問うことをせず、〔その結果〕何かを行おうと思っても智慧が足りないことになる。それゆえ暗闇に惑い、暗闇に迷ったままこの世を終える。これを〔自ら身動きの取れないようにしている〕窮民と言うのだ。

一〇　曾子門弟子或將之晉、曰、吾無知焉。曾子曰、何必然、往矣。有知焉謂之友、無知焉謂之主。且夫君子執仁立志、先行後言、千里之外、皆爲兄弟。苟是之不爲、則雖汝親、庸孰能親汝乎。

曾子《そうし》の門弟子《もんていし》将《まさ》に晋《しん》に之《ゆ》かんとするもの或《あ》りて、曰《い》わく、吾《わ》れ知《し》る無《な》し[1]と。曾子《そうし》曰《い》わく、何《なん》ぞ必《かなら》ずしも然《しか》らん、往《ゆ》け。知《し》る有《あ》るは焉《すなわ》ちこれを友《とも》と謂《い》い、知《し》る無《な》きは焉《すなわ》ちこれを主《しゅ》と謂《い》う。[2]且《か》つ夫《そ》れ君子《くんし》、仁《じん》を執《と》り志《こころざし》を立《た》て、行《こう》を先《さき》にし言《げん》を後《のち》にすれば、千里《せんり》の外《そと》、皆《み》な兄弟《けいてい》たり。[3]苟《いやし》くも是《こ》れをこれ為《な》さざれば、則《すなわ》ち汝《なんじ》の親《しん》と雖《いえど》も、庸《なん》孰《よ》ぞ能く汝《なんじ》に親《した》しまんやと。[4]

1 知る無し――「知」は知っている人。**2** 知る有るは……これを主と謂う――「友」「主」を定義する形の言い回しであるが、「友とせよ」「主とせよ」を含意する。**3** 皆な兄弟たり――『論語』顔淵篇12・5にも「君子は敬して失なく、人と恭《うやうや》しくして礼有らば、四海の内は皆な兄弟たり」とある。**4** この章は全体として『論語』衛霊公篇15・6の「言、忠信、行、篤敬なれば、蛮貊《ばんばく》の邦と雖も行われん。言、忠信ならず、行、篤敬ならざれば、州里と雖も行われんや」に似る。

曾子の門弟子で晋《しん》国に行こうとする者がいて、言った、〔晋国には〕知り合いが居ないのですが。曾子は言われた、そうとは限るまい。行け。知り合いであれば友として接し、知り合いでなければ〔相手を〕主〔とし、自らを客〕として接すればよいのだ。かつ君子が仁を守り志を固くし、言葉に先んじて行動するならば、遠く千里の外の人々であれ、みな兄弟のように親しんでくれるもの。もし、そうせぬのであれば、おまえの親族であっても、どうしておまえに親しんだりしようぞ。

曾子制言中

一　曾子曰、君子進則能達、退則能靜。豈貴其能達哉、貴其有功也。豈貴其能靜哉、貴其能守也。夫唯進之何功、退之何守、是故君子進退有二觀焉。故君子進則能益上之譽、而損下之憂。不得志、不安貴位、不*懷厚祿、負耜而行道、凍餓而守仁、*則君子之義也*。

*懐——もと「博」に作る。戴震等が『永楽大典』(以下『大典』と略す)等により改めるのに従う。*守仁／義也——もと「仁」下に「謂其守也」四字、「也」下に「其功守之義」五字あり。諸家が注文の本文にまぎれたものとして削るのに従う。

曾子《そうし》曰《い》わく、君子《くんし》進《すす》めば則《すなわ》[1]ち能《よ》く達《たっ》し、退《しりぞ》けば則《すなわ》[1]ち能《よ》く静《しず》かなり。豈《あ》に其《そ》の能《よ》く達《たっ》するを貴《たっと》ばんや、其《そ》の功有《こうあ》るを貴《たっと》ぶなり。豈《あ》に其《そ》の能《よ》く静《しず》かなるを貴《たっと》ばんや、其《そ》の能《よ》く守《まも》るを貴《たっと》ぶなり。夫《そ》れ唯《た》だ進《すす》みては何《2なに》をか功《こう》とし、退《しりぞ》きては何《2なに》をか守《まも》るのみ、是《こ》の故《ゆえ》に君子《くんし》は進退《しんたい》に二観《かん》あり。故《ゆえ》に君子《くんし》進《すす》めば則《すなわ》ち能《よ》く上《かみ》の誉《よ》を益《ま》して、下《しも》の憂《うれ》いを損《へ》らす。志《3こころざし》を得《え》ざれば、貴位《きい》に安《やす》んぜず、厚禄《こうろく》を懐《おも》わず、耜《すき》を負《にな》いて道《みち》を行《おこな》い、凍餓《とうが》するも仁《じん》を守《まも》るは、則《すなわ》ち君子《くんし》の義《ぎ》なり。

1 進めば／退けば——官位に就くことと退くことを言う。**2** 進みては／退きては——「進」「退」後の「之」はともに「而」に同じ。**3** 君子進めば……下の憂いを損らす——『荀子』大略篇に重複文が見える。

曾子は言われた、君子は官位に就けば栄達するし、官位を退けば〔政治に口出しをすることなく〕静かにしているものであるが、栄達することが貴いのではなく、功績をあげることこそが貴いのだ。また、静かにしていることが貴いのではなく、〔道や仁を〕守っていることこそが貴いのだ。〔問うべきは〕ただ、官位に就いている時にはどんな功績があるのか、官位を退いた時には何を守っているのかだけだ。だから、君子には進退それぞれに見るべきものがある。それゆえ君子は官位に就けば主君の栄誉を増し、民衆の憂いを減らす。自分の志が〔主君に〕受け入れられない場合は、貴い地位にとどまらず、高い俸禄をもかえりみず、〔下野して〕土地を耕しながら道を行い、飢え凍えようとも仁を守る。これが君子の義とするものだ。

二　有知之則願也、莫之知、苟吾自知也。吾不仁其人、雖獨也、吾弗親也。故君子不假貴而取寵、不比譽而取食、直行而取禮、比說而取友。

これを知《し》る有《あ》るは則《すなわ》ち願《ねが》わしきも、これを知《し》る莫《な》くんば、苟《た》だ吾《わ》れ自《みずか》ら知《し》るのみ。[1]吾《わ》れ其《そ》の人《ひと》を不仁《ふじん》とせば、独《ひと》りと雖《いえど》も、吾《わ》れは親《した》しまず。故《ゆえ》に君子《くんし》は貴《き》を仮《か》りて寵《ちょう》を取《と》らず、比《ひ》し誉《ほ》めて食《しょく》[2]を取《と》らず、行《おこな》いを直《なお》くして礼《れい》を取《と》り、比《した》しみ説《よろこ》[3]び[4]て友《とも》を取《と》る。

1　これを知る有るは……自ら知るのみ——ほぼ同じ表現が立事篇第七章（七二頁）に見える。

2 比し誉めて——徒党を組んで互いに褒め合って虚名を得ること。「比」は『論語』為政篇2・14「小人は比して周せず」の「比」に同じ。「比誉」は『逸周書』宝典解でも「十姦」の一つとして数え上げられている。3 比しみ——ここでの「比」は「親《したしむ》」の意。4 説び——「説」は「悦」に通じる。次章の「説」も同じ。

自分を理解してくれる人がいるのが望ましいが、たとえ理解してくれる人がいなくても、自分だけは自分を理解しているもの。〔それで十分ではないか。〕たとえ〔自分が〕孤独であっても、自分が不仁だと見なす人には、すり寄って行かない。だから君子は身分の高い者の力をたよりにして、その恩寵を得ようとはしないし、徒党を組んで褒め合って〔得た虚名によって〕、食の手だてを得たりはしない。行いを正しくして〔尊敬されることによって、人からの〕礼遇を手に入れ、〔その人に〕親しみ、〔その人のことを〕よろこんで、〔その後にその人を〕友とするのだ。

三　有說我則願也、莫我說、苟吾自說也。故君子無悒悒於貧、無勿勿於賤、無憚憚於不聞。布衣不完、蔬食不飽、蓬戸穴牖、日孜孜上仁。

我《わ》れを説《よろこ》ぶ有《あ》るは則《すなわ》ち願《ねが》わしきも、我《わ》れを説《よろこ》ぶ莫《な》くんば、苟《た》だ吾《わ》れ自《みずか》ら説《よろこ》ぶのみ。故《ゆえ》に君子《くんし》は貧《ひん》に悒悒《ゆうゆう》[1]たること無《な》く、賤《せん》に勿勿《ぶつぶつ》[1]たること無《な》く、不聞《ふぶん》に憚憚《たんたん》[1]たること無《な》し。布衣《ふい》[2]完《まった》からず、蔬食《そし》[3]飽《あ》かず、蓬戸《ほうこ》穴牖《けつゆう》[4]なるも、日《ひ》び孜孜《しし》[5]として仁《じん》を上《たっと》ぶ。

1 悒悒／勿勿／憚憚——それぞれ立事篇第五章（七〇頁）、第七章（七二頁）、第六章（七一頁）参照。 **2** 布衣……——粗末な衣服。以下に類似する言葉は『論語』にも「君子は食飽かんことを求むること無く、居安からんことを求むること無し」（学而篇1・14）、「士、道に志して、悪衣悪食を恥ずる者は、未だ与《とも》に議《はか》るに足らず」（里仁篇4・9）とある。 **3** 蔬食——粗末な食事。『論語』述而篇7・15「疏食を飯《くら》い水を飲み、肱を曲げてこれを枕とす」の「疏食」に同じ。 **4** 蓬戸穴牖——蓬で編んだ戸口と穴をあけただけの窓。粗末な家屋のこと。 **5** 孜孜——倦まずにつとめ励むさま。

自分をよろこんで受け入れてくれる人がいるのが望ましいが、たとえよろこんで受け入れてくれる人がいなくても、自分だけは自分を受け入れているもの。「それで十分ではないか。」だから君子は貧困にこころ塞ぐこともないし、卑賤の位にこころ労することもないし、名声が上がらないことにこころ憂うこともない。着物はぼろで、食事も不十分、住み家が粗末であっても、日々つとめて仁を尊ぶ。

四　知我、吾無訢訢、不知我、吾無悒悒。是以君子直言直行、不宛言而取富、不屈行而取位。仁*之見逐、智之見殺、固不難。詘身而爲不仁、宛言而爲不智、則君子弗爲也。

＊仁――もと「畏」に作る。戴震等に従い改める。

我《わ》れを知《し》るも、吾《わ》れは訢訢《きんきん》[1]たること無《な》く、我《わ》れを知《し》らざるも、吾《わ》れは悒悒《ゆうゆう》[2]たること無《な》し。是《ここ》を以《もっ》て君子《くんし》は言《げん》を直《なお》くし行《こう》を直《なお》くし、言《げん》を宛《ま》げて富《とみ》を取《と》らず、行《こう》を屈《ま》げて位《くらい》を取《と》らず。これを仁《じん》とせられて逐《お》われ、これを智《ち》とせられて殺《ころ》さるるも、固《もと》より難《なん》とせず。身《み》を詘《くっ》して[3]不仁《ふじん》を為《な》し、言《げん》を宛《ま》げて不智《ふち》を為《な》すは、則《すなわ》ち君子《くんし》為《な》さざるなり。

1 訢訢――「欣欣」に同じ。よろこぶさま。　**2** 悒悒――前章に見える。　**3** 詘して――

「詘」は「屈」に通じる。

人が自分を理解してくれても、はしゃぐことなく、自分を理解してくれなくても、ふさぎ込まない。だから君子は、言葉も行いも真っ直ぐで、言葉を曲げて財産を得ることもしないし、行いを曲げて爵位を得ることもしない。仁者であるとして〔うとまれて〕追い出され、智者であるとして〔ねたまれて〕殺されようとも、まったく危難であるとは思わない。自らを屈して仁ならざることを行ったり、言葉を曲げて智ならざることを言ったりなどは、君子はしないものだ。

五　君子雖言不受必忠、曰道、雖行不受必忠、曰仁、雖諫不受必忠、曰智。

君子《くんし》は言受《げんう》けられずと雖《いえど》も必《かなら》ず忠《ちゅう》なるを、道《みち》と曰《い》い、行受《こうう》けられずと雖《いえど》も必《かなら》ず忠《ちゅう》なるを、仁《じん》と曰《い》い、諫受《かんう》けられずと雖《いえど》も必《かなら》ず忠《ちゅう》なるを、智《ち》と曰《い》う。

君子は、自分の言葉が受け入れられなくても必ずまごころを尽くして語るのを「道」と言い、自分の行動が受け入れられなくても必ずまごころを尽くして行動するのを「仁」と言い、自分の諫めが受け入れられなくても必ずまごころを尽くして諫めるのを「智」と言う。

六　天下無道、循道而行。衡塗而僨、手足不揜、四支不被*、此則*非士之罪也、有士者之羞也。

*不被――もと「被」下に「手足節四支。説者申愍勤耳。詩云、行有死人、尚或墐之」の二十一字あり（「節」は「即」の誤り）。戴震等が『大典』により、注文の本文にまぎれたものとして削るのに従う。　*此則――もと「則此」に作る。戴震等が『大典』により改めるのに従う。

天下《てんか》に道《みち》無《な》きも、道《みち》に循《したが》いて行《おこな》う。塗《みち》に衡《よこ》たわりて僨《たお》れ、手足《てあし》揜《おお》われず、四支《しし》被《おお》われざるは、[1]此《こ》れ則《すなわ》ち士《し》の罪《つみ》に非《あら》ず、士《し》を有《ゆう》する者《もの》の羞《はじ》なり。

1　手足揜われず、四支被われざるは――「揜」は土で覆う、「被」は土を被せる。「四支」は四肢。二句はともに死体をさらすことを言う。『孟子』尽心篇上にも「天下に道無くんば、身を以て道に殉ず」とある。

天下に道が行われていなくても、〔士は〕道に従って行動する。〔その結果として〕路上に倒れ臥し、〔のたれ死んで〕死体をさらすことになったとしても、これは士の罪ではない。士を養うもの(君主)の恥なのだ。

七 君子*以仁爲尊。天下之爲富、何爲富、則仁爲富也。天下之爲貴、何爲貴、則仁*爲貴也。昔者舜匹*夫也。土地之厚、則得而有之、人徒之衆、則得而使之。舜唯以仁得之也。是故君子將說富貴、必勉於仁也。昔者伯夷叔齊、死於溝澮之間、其仁成名於天下。夫二子者、居河濟之間、非有土地之厚、貨粟之富也、言爲文章、行爲表綴於天下。是故君子思仁義、晝則忘食、夜則忘寐、日旦就業、夕而自省、以歿*其身、亦可謂守業矣。

＊君子――もと「君」上に「是故」二字あり。汪中に従い削る。＊匹――もと「疋」に作る。戴震等に従い改める。＊仁――もと「仁」字なし。汪中等が補うのに従う。＊歿――もと「役」に作る。戴震等に従い改める。

君子《くんし》は仁《じん》を以《もっ》て尊《たっと》しと為《な》す。天下《てんか》の富《ふ》たる、何《なに》をか富《ふ》と為《な》す、則《すなわ》ち仁《じん》を富《ふ》と為《な》す。[1]天下《てんか》の貴《き》たる、何《なに》をか貴《き》と為《な》す、則《すなわ》ち仁《じん》を貴《き》と為《な》す。昔者舜《むかししゅん》[2]は匹夫《ひっぷ》なり。土地《とち》の厚《あつ》きは、則《すなわ》ち得《え》てこれを有《たも》ち、人徒《じんと》の衆《おお》きは、則《すなわ》ち得《え》てこれを使《つか》う。舜《しゅん》は唯《た》だ仁《じん》を以《もっ》てこれを得《え》たり。是《こ》の故《ゆえ》に君子《くんし》は将《まさ》に富貴《ふうき》を説《と》かんとすれば、必《かなら》ず仁《じん》に勉《つと》めしむ。[3]昔者伯夷《むかしはくい》・叔斉《しゅくせい》[4]は、溝澮《こうかい》[5]の間《かん》に死《し》して、其《そ》の仁《じん》は名《な》を天下《てんか》に成《な》せり。夫《か》の二子《にし》は、河《か》・済《せい》の間《かん》[6]に居《お》りて、土地《とち》の厚《あつ》き、貨粟《かぞく》の富《ふ》有《あ》るには非《あら》ざれども、言《げん》は文章《ぶんしょう》を為《な》し、行《こう》は天下《てんか》に表綴《ひょうてつ》[7]と為《な》れり。是《こ》の故《ゆえ》に君子《くんし》は仁義《じんぎ》を思《おも》いて、昼《ひる》は則《すなわ》ち食《しょく》を忘《わす》れ、夜《よる》は則《すなわ》ち寐《い》ぬるを忘《わす》れ、日旦《じったん》に業《ぎょう》に就《つ》き、夕《ゆう》べに自《みずか》ら省《かえり》みて、以《もっ》て其《そ》の身《み》を歿《ぼっ》す、亦《ま》た業《ぎょう》を守《まも》ると謂《い》うべし。[8]

1 仁を富と為す――『孟子』公孫丑篇下にも「曾子曰わく、晋・楚の富、及ぶべからず。彼れ其の富を以てすれば、我れは吾が仁を以てす。……吾れ何ぞ慊《おと》らんや」とある。 **2** 舜――伝説上の聖天子。堯《ぎょう》により民間から引き抜かれて天子の位に即いたとされる。 **3** 是の故に君子は……仁に勉めしむ――『論語』里仁篇4・5にも「富と貴きとは、是れ人の欲する所なり。

其の道を以てこれを得ざれば、処《お》らざるなり。……君子、仁を去りて、悪《いず》くにか名を成さん」とある。 **4** 伯夷・叔斉――二人は兄弟で、殷《いん》の紂《ちゅう》王を討とうとする周の武王を諌《いさ》め、殷滅亡後、周の粟《ぞく》を食《は》まずに餓死した廉潔の士として知られる。『論語』述而篇7・14でも「伯夷・叔斉……古《いにしえ》の賢人なり」と評されている。 **5** 溝瀆――小さな川。『論語』憲問篇14・18「溝《こう》瀆《とく》に経《くび》る」の「溝瀆」に同じ。 **6** 河・済の間――今の山東省西部にあたる。「河」は黄河、「済」は済水。 **7** 表綴――目印。転じて「模範」「規範」の意となる。 **8** 日且に……業を守ると謂うべし――同文が立事篇第二章(六六頁)に見える。

君子は仁をこそ尊いと考える。天下の財産について、何が財産かと言えば、仁こそが財産なのだ。天下の貴位について、何が貴位かと言えば、仁こそが貴位なのだ。昔、舜《しゅん》は一介の庶民であったが、〔後に堯《ぎょう》に引き抜かれて天子の位に即き〕広い土地を持ち、多くの人々を使うようになる。舜はただ仁であることによってそうなり得たのだ。だから君子は財産や貴位について語るに際しては、必ず〔まずは〕仁に励ませるのだ。昔、伯《はく》夷《い》・叔斉《しゅくせい》はどぶ川で死に絶えたが、その仁は天下に名を馳せた。この二人は、黄河・済水《せいすい》の間に居り、広い土地も、豊かな財産も無かったが、その言葉は文章《あや》をなし、行いは天下の儀表《てほん》となった。だから君子は、昼は食事を、夜は睡眠を忘れるほどに一心に仁義のことを考えて、早朝よりなすべき仕事を行い、晩には自ら反省して、そうして一生を終える。ならば、これもまた〔自分の〕業《わざ》を守ると評してよいであろう。

曾子制言下

一　曾子曰、天下有道、則君子訢然以交同、天下無道、則衡言不革。諸侯不聽、則不干其土、聽而不賢、則不踐其朝。是以君子不犯禁而入人境*、不邇*患而出危邑*、則秉徳之士不諂矣。故君子不諂富貴以爲己說、不乘貧賤以居己尊。

＊人境――もと「人」を「入」に作る。戴震等に従い改める。また、もと「境」下に「及郊問禁請命」六字あり。戴震等が注文の本文にまぎれたものとして削るのに従う。＊邇――もと「通」に作る。孫詒讓に従い改める。＊邑――もと「色」に作る。戴震等に従い改める。

曾子《そうし》曰《い》わく、天下《てんか》に道有《みちあ》れば、則《すなわ》ち君子《くんし》訢然《きんぜん》[1]として以《もっ》て交同《こうどう》[2]し、天下《てんか》に道無《みちな》くんば、則《すなわ》ち言《げん》を衡《たい》らかにして革《あらた》[3]めず。諸侯《しょこう》聴《き》かざれば、則《すなわ》ち其《そ》の土《ど》を干《おか》さず、聴《き》きて賢《けん》とせざれば、則《すなわ》ち其《そ》の朝《ちょう》を践《ふ》まず。是《ここ》を以《もっ》て君子《くんし》は禁《きん》を犯《おか》さずして人《ひと》の境《さかい》に入《い》り、患《かん》に邇《ちか》づかずして危邑《きゆう》を出《い》ず、[4]則《すなわ》ち徳《とく》を乗《と》るの士《し》は讇《へつら》わず。[5]故《もと》より[6]君子《くんし》は富貴《ふうき》に讇《へつら》いて以《もっ》て己《おの》が説《えつ》[7]を為《な》さず、貧賤《ひんせん》を乗《しの》ぎて以《もっ》て己《おの》が尊《そん》に居《お》らず。[8]

1 訢然——よろこぶさま。「訢」は「欣」に通じる。 **2** 交同——交際して志を同じくする。 **3** 言を衡らかにして——『論語』憲問篇14・4「邦《くに》に道無ければ、行を危《はげ》しくして言は孫《したが》う」の「言は孫う」に当たる。 **4** 患に邇づかずして危邑を出ず——『論語』泰伯篇8・13にも「危邦には入らず、乱邦には居らず」とある。 **5** 則ち徳を乗るの士は讇わず——「讇」は「諂」に同じ。この一句、前後とつながりが悪く、汪照は句に誤りがあるとする。 **6** 故より——「故」は「固」に通じる。 **7** 説——「悦」に通じる。 **8** 故より君子は……己が尊に居らず——『論語』学而篇1・15にも「貧しくして諂うこと無く、富みて驕ること無し」とある。

曾子は言われた、天下に道が行われている時には、君子はよろこんで〔君主と〕交わり志を同じくする。天下に道が行われていない時には、〔無用な対立を避けて〕言葉はやわらげて語るが〔その志は〕改めない。諸侯が〔自分の意見を〕聞き入れないならば、その国土に居続けないし、聞き入れても〔自分を〕賢者として待遇しないならば、〔爵位を得て〕その朝廷に立ったりしない。だから、君子は禁忌を犯すことなく他国に立ち入り、危うきに近づくことなく危険な町から立ち去る。というのも徳を身につけた士人は人に諂《へつら》って行動したりしないからだ。もとより君子は〔貧賤の身において〕富貴の人に諂って自分の欲求を満足させることはしないし、〔富貴の身において〕貧賤の人を踏みつけて自分の尊さを誇示したりはしないものだ。

二　凡行不義、則吾不事、不仁、則吾不長。奉相仁義、則吾與之聚羣、嚮爾寇盗、則吾*不與慮。國有道、則突若入焉、國無道、則突若出焉。如此之謂義。

*不——もと「不」字なし。戴震に従い補う。

凡《およ》そ行《おこな》い不義《ふぎ》なれば、則《すなわ》ち吾《わ》れは事《つか》えず、不仁《ふじん》なれば、則《すなわ》ち吾《わ》れは長《ちょう》とせず。仁義《じんぎ》を奉相《ほうそう》[1]すれば、則《すなわ》ち吾《わ》れはこれと聚群《しゅうぐん》し、寇盗《こうとう》に嚮爾《きょうじ》[2]すれば、則《すなわ》ち吾《わ》れは与《とも》に慮《はか》らず。国《くに》に道有《みちあ》れば、則《すなわ》ち突若《とつじゃく》[3]として焉《これ》に入《い》り、国《くに》に道無《みちな》くんば、則《すなわ》ち突若《とつじゃく》として焉《これ》を出《い》ず。此《か》くの如《ごと》きをこれ義《ぎ》と謂《い》う。

1 奉相――「奉」「相」ともに、「たすける」の意。 **2** 嚮爾――向かい近づく。「爾」は「邇」に通じる。 **3** 突若――「突如」に同じ。

さて不義を行う者に対しては、わたしはつかえないし、不仁を行う者に対しては、わたしは頭《かしら》として仰がない。仁義の助けとなろうとする者に対しては、わたしは彼らとともに行動しようとするし、泥棒狼藉の方に引き寄せられていく者に対しては、わたしはともに謀《はかりごと》をしない。道が行われている国へは、〔ためらわずに〕すぐに進み入るし、道が行われていない国からは、〔未練を残さずに〕すぐに出て行く。このようであってこそ義であると言えるのだ。

三　夫有世、義者哉*、仁者殆*、恭者不入、愼者不見使、正直者則邇於刑、弗違則殆於罪。是故君子錯在高山之上、深澤之汚、聚橡栗藜藿而食之、生耕稼以老十室之邑。是故昔者禹見耕者五耦而式*、過十室之邑則下、爲秉德之士存焉。

＊裁――もと「哉」に作る。孔広森等に従い改める。＊仁者――もと「仁」上に「曰」字あり。戴震等が『大典』により削るのに従う。＊式――もと「武」に作る。戴震等に従い改める。

夫《そ》れ世《よ》有《あ》りて、義《ぎ》なる者《もの》は災《わざわ》いせられ、仁《じん》なる者《もの》は殆《あや》うく、恭《うやうや》しき者《もの》は入《い》れられず、慎《つつし》む者《もの》は使《つか》われず、正直《せいちょく》なる者《もの》は則《すなわ》ち刑《けい》に邇《ちか》く、違《さ》らざれば則《すなわ》ち罪《つみ》に殆《ちか》し。是《こ》の故《ゆえ》に君子《くんし》は錯《かく》れて[1]高山《こうざん》の上《うえ》、深沢《しんたく》の汚《くぼ》み[2]に在《あ》り、橡《とち》・栗《くり》・藜《あかざ》・藿《まめのは》を聚《あつ》めてこれを食《く》らい[3]、耕稼《こうか》に生《い》きて以《もっ》て十室《じっしつ》の邑《ゆう》に老《お》ゆ。是《こ》の故《ゆえ》に昔者《むかし》禹[4]は耕《たがや》す者《もの》五耦《ぐう》[5]を見《み》れば而《すなわ》ち式《しょく》し[6]、十室《じっしつ》の邑《ゆう》を過《す》ぎれば則《すなわ》ち下《くだ》る[7]、徳《とく》を秉《と》るの士《し》焉《ここ》に存《そん》するが為《ため》なり。

1 君子は錯れて――「錯」は「隠れ居る」の意。『論語』泰伯篇8・13にも「天下に道有れば則ち見《あらわ》れ、道無ければ則ち隠る」とある。 **2** 汚み――谷間の小さなくぼち。 **3** 橡・栗・藜・藿を聚めてこれを食らい――『説苑』立節篇に「曾子、布衣《ふい》縕袍《うんぽう》未だ完きを得ず、糟糠《そうこう》の食、藜藿《れいかく》の羹《こう》未だ飽くを得ざるも、義合わざれば則ち上卿を辞す」とある(『韓詩外伝』巻二にもほぼ同文あり)。 **4** 禹――夏《か》王朝の始祖とされる伝説上の聖天子。 **5** 耦――ならんで耕しているふたり組。 **6** 式し――車の前面の横木に手をついて礼をする。 **7** 禹は……則ち下る――『荀子』大略篇に重複文が見える。

さて次のような世の中もあるものだ。義を行う者はわざわいを受け、仁を行う者は危険にさらされ、うやうやしい者は受け入れられず、慎み深い者は用いてもらえず、正直な者は〔かえって〕刑にさらされる危険を感じ、そこから去らないならばほとんど罪を被ることになる。だから、〔そのような世の中では〕君子は高い山の上、奥深い谷間に隠れ住み、橡《とち》や栗、アカザや豆の葉などを集めて食らい、田畑を耕して十戸ほどの小さな邑《むら》で老いていく。だから昔、禹《う》は十人ほどが組みになって田畑を耕しているのを見れば車上にて礼をし、十戸ほどの小さな邑を横切れば車を降りて礼を〔して敬意をあらわ〕した。というのも、徳を身につけた士人が〔世を隠れて〕そこにいるかも知れないからだ。

曾子《そうし》疾病《しっぺい》

篇名は篇首の語による。本篇は曾子臨終の言を記録する形を取る。曾子臨終の言は『論語』泰伯篇8・4にも「鳥の将に死なんとするや、其の鳴くこと哀し。人の将に死なんとするや、其の言うこと善し」云々と見える。

一　曾子疾病、曾元抱*首、曾華抱足。曾子曰、微乎、吾無夫顏氏之言、吾何以語汝哉。然而君子之務、蓋*有之矣。夫華繁而實寡者天也、言多而行寡者人也。鷹鶽以山爲卑、而曾巢其上、魚鼈黿鼉以淵爲淺、而蹷穴其中、卒其所以得之者餌也。是故君子苟無以利害義、則辱何由至哉。

*抱――もと「抑」に作る。阮元等が『説苑』敬慎篇の重複文により改めるのに従う。*蓋――もと「盡」に作る。戴震が『大典』により改めるのに従う。『治要』も「蓋」に作る。

曾子《そうし》疾病《やまいへい》たり、[1] 曾元《そうげん》[2]首《あたま》を抱《だ》き、曾華《そうか》[2]足《あし》を抱《だ》く。曾子《そうし》曰《い》わく、微《び》なるかな、[3] 吾《わ》れ夫《か》の顔氏《がんし》[4]の言《げん》無《な》し、吾《わ》れ何《なに》を以《もっ》て汝《なんじ》に語《つ》げん。然《しか》れども君子《くんし》の務《つと》めは、蓋《けだ》しこれ有《あ》り。夫《そ》れ華《はな》繁《しげ》くして実《み》寡《すく》なきは天《てん》なり、言《げん》多《おお》くして行《こう》寡《すく》なきは人《ひと》なり。鷹《おう》・鶽《しゅん》[5]は山《やま》を以《もっ》て卑《ひく》しと為《な》して、其《そ》の上《うえ》に曾巣《そうそう》[6]し、魚《ぎょ》・鼈《べつ》・黿《げん》・鼉《た》[7]は淵《ふち》を以《もっ》て浅《あさ》しと為《な》して、其《そ》の中《なか》に蹶穴《けっけつ》[8]するも、卒《つい》に其《そ》のこれを得《う》る所以《ゆえん》の者《もの》は餌《えさ》なり。是《こ》の故《ゆえ》に君子《くんし》苟《いやし》くも利《り》を以《もっ》て義《ぎ》を害《がい》すること無《な》くんば、則《すなわ》ち辱《じょく》何《いず》くに由《よ》り至《いた》らん。[9]

1 病たり――病状が悪化する。 **2** 曾元／曾華――ともに曾子の子。『礼記』檀弓上篇で曾子の子が「曾元・曾申」と記されていることから、「華」を「申」に改める説もあるが、『説苑』敬慎篇の重複文も「華」に作るので、文字を改めないでおく。 **3** 微なるかな――嘆きの言葉。 **4** 顔氏――孔子の愛弟子で夭折した顔淵《がんえん》のこと。 **5** 鶽――「隼《はやぶさ》」に同じ。 **6** 曾巣――「曾」は旧版に従い「橧」に読む。『潜夫論』忠貴篇の重複文では「橧」に作る。「橧」巣――「巣」とともに、巣を作ること。 **7** 魚・鼈・黿・鼉――「鼈」「黿」はスッポンの類、後者の方が大きい。「鼉」はワニの類。 **8** 蹶穴――「蹶」は「穿」に音通(王念孫説)。「蹶」「穴」ともに穴を掘ること。 **9** この章の重複文が『荀子』法行篇に見える。

曾子の病が重くなり、〔息子の〕曾元《そうげん》は頭を、曾華《そうか》は足を抱きかかえ〔て曾子の体を起こし〕た。曾子は言われた、ああ、わたしは顔淵《がんえん》のような言葉を持っておらぬ。おまえたちに何を語ったものか。だが、〔臨終に際しての〕君子の務めというものはあろう。さて花が多ければ実は少ないというのが天(自然の姿)であり、言葉が多いと行いが追いつかないのが人だ。タカやハヤブサなどは〔身を守るのには〕山でも低すぎると考え、その上〔の木〕に巣を作り、魚やスッポン、ワニなどは〔身を守るのには〕淵でも浅すぎると考え、その中に穴を掘〔って隠れはす〕るが、結局人に捕まってしまうというのは、餌につられてのこと。だから、君子も利〔という餌〕に引きずられて義を害することがなければ、辱めを受けることなどなくなるのだ。

二　親戚不悦、不敢外交。近者不親、不敢求遠。小者不審、不敢言大。

親戚《しんせき》悦《よろこ》ばざれば、[1] 敢《あ》えて外《そと》に交《まじ》わらず。近《ちか》き者《もの》親《した》しまざれば、敢《あ》えて遠《とお》くに求《もと》めず。[2] 小《しょう》なる者《もの》審《つまび》らかならざれば、敢《あ》えて大《だい》を言《い》わず。

1 親戚――父母を指す。次章の「親戚」も同じ。 2 親戚悦ばざれば……遠くに求めず――『荀子』法行篇にも「曾子曰わく、内人をこれ疏(＝疎)にして外人にこれ親しむこと無かれ」とあり、『説苑』建本篇にも孔子の言葉として「親戚悦ばざれば、外に交わるに務むること無かれ。……比近説《よろこ》ばざれば、遠きを修むるに務むること無かれ」とある。

父母によろこんでもらえないならば、外の者と交際したりしない。自分の近くにいる人に親愛されないならば、遠くにいる人に〔親愛されることを〕求めたりしない。小さいことが十分によく解っていないならば、大きなことを口に出したりしない。

三　故人之生也、百歳之中、有疾病焉、有老幼焉。故君子思其不可復者、而先施焉。親戚既歿、雖欲孝、誰爲孝。年既耆艾、雖欲弟、誰爲弟。故孝有不及、弟有不時、其此之謂與。

＊有――もと「者」に作る。戴震等に従い改める。 ＊可――もと「可」字なし。戴震等が『大典』により補うのに従う。『治要』にもこの「可」字あり。

故《もと》より[1]人《ひと》の生《せい》や、百歳《ひゃくさい》の中《うち》に、疾病《しっぺい》有《あ》り、老幼《ろうよう》有《あ》り。故《ゆえ》に君子《くんし》は其《そ》の復《ふた》びすべからざる者《もの》を思《おも》いて、先《ま》ず施《ほどこ》す。親戚《しんせき》既《すで》に歿《ぼっ》すれば、孝《こう》たらんと欲《ほっ》すと雖《いえど》も、誰《た》が為《ため》に孝《こう》たらん。年《とし》既《すで》に耆艾《きがい》[2]なれば、弟《てい》[3]たらんと欲《ほっ》すと雖《いえど》も、誰《た》が為《ため》に弟《てい》たらん。故《ゆえ》に孝《こう》に及《およ》ばざる有《あ》り、弟《てい》に時《とき》ならざる有《あ》りとは、其《そ》れ此《こ》れの謂《いい》か[4]。

1 故より——「故」は「固」に通じる。 **2** 耆艾——老年。『礼記』曲礼上篇に「五十を艾と曰い、……六十を耆と曰う」とある。 **3** 弟——「悌」に通じる。 **4** 『韓詩外伝』巻七にも「曾子曰く、往きて還るべからざる者は親なり。至りて加うべからざる者は年なり。是の故に孝子養わんと欲して親待たず」云々とある。

もとより人の一生、百年の内には、病気の時もあれば、幼少、老年の〔何もできない〕時期もあるもの。だから、君子は二度とできないこととは何かを考えて、優先してそれを行うのだ。両親が亡くなってしまえば、親孝行をしたいと思ってもいったい誰に行うのか。自分も年老いて〔年長者がいなくなって〕しまったならば、年長者に尽くそうと思ってもいったい誰に行うのか。だから親孝行にはもう間に合わないことがあり、年長者に尽くすにはもはや適当でない時期がある、というのはこのことを言うのであろう。

四　言不遠身、言之主也。行不遠身、行之本也。言有主、行有本、謂之有聞矣。

言《げん》の身《み》に遠《とお》からざるは、1言《げん》の主《しゅ》なり。行《こう》の身《み》に遠《とお》からざるは、1行《こう》の本《もと》なり。言《げん》に主《しゅ》有《あ》り、行《こう》に本有《もとあ》り、これを聞《き》こゆる有《あ》りと謂《い》う。

1 言／行の身に遠からざるは――「身」は自分の身。言行が普段の自分の姿からかけ離れていないことを言う。

いつもの自分からかけ離れたことは言わない、これが〔自分が〕言葉の主《ぬし》〔となっている〕ということ。いつもの自分からかけ離れたことは行わない、これが〔自分が〕行為の根〔となっている〕ということ。言葉に主がいて、行為に根があってこそ、〔虚名ではなく、真に〕名が知られていると言えるのだ。

五　君子尊其所聞、則高明矣、行其所聞、則廣大矣。高明廣大、不在於他、在加之志而已矣。

君子《くんし》其《そ》の聞《き》く所《ところ》を尊《たっと》べば、則《すなわ》ち高明《こうめい》なり、其《そ》の聞《き》く所《ところ》を行《おこな》えば、則《すなわ》ち広大《こうだい》なり。高明広大《こうめいこうだい》は、他《た》に在《あ》らず、これを志《こころざし》に加《くわ》うるに在《あ》るのみ。[1]

1　本章の重複文が『漢書』董仲舒《とうちゅうじょ》伝に「曾子曰」を冠して引かれる。

君子は〔師より〕聞いたものを尊べば、〔その徳は〕高く明らかになり、〔師より〕聞いたものを行えば、〔その業《わざ》は〕広く大きくなる。〔徳を〕高く明らかにし〔業を〕広く大きくするのに他の道があるわけではない。ただ〔師より聞いたもの、〕これを心に刻み込むだけだ。

六　與君子游、苾乎如入蘭芷之室、＊久而不聞、則與之化矣。與小人游、＊膱乎如入鮑魚之次、久而不聞、則與之化矣。是故君子愼其所去就。

＊久——もと「入」に作る。諸家に従い改める。『治要』も「久」に作る。＊膱——もと

「貸」に作る。『治要』は「膩」、『意林』は「戯」に作るが、ともに「膱」字の訛《あやまり》であるとする王念孫説に従い改める。

君子《くんし》と游《あそ》べば、苾乎《ひつこ》[1]として蘭芷《らんし》[2]の室《しつ》に入《い》るが如《ごと》し、久《ひさ》しくして聞《か》がざれば、[3]則《すなわ》ちこれと化《か》せり。小人《しょうじん》と游《あそ》べば、膱乎《しょくこ》[4]として鮑魚《ほうぎょ》[5]の次《みせ》[6]に入《い》るが如《ごと》し、久《ひさ》しくして聞《か》がざれば、則《すなわ》ちこれと化《か》せり。[7]是《こ》の故《ゆえ》に君子《くんし》は其《そ》の去就《きょしゅう》する所《ところ》を慎《つつし》む。

1 苾乎――よい香りがすること。 **2** 蘭芷――「蘭」「芷」はともに香草。フジバカマのなかまとヨロイグサのなかま。 **3** 聞がざれば――「聞」は、においを嗅ぐ。 **4** 膱乎――臭いにおいがすること。 **5** 鮑魚――魚の干物。臭いものの喩え。 **6** 次――「肆《みせ》」と音通（王念孫説）。 **7** 本章（末句を除く）の重複文が『説苑』雑言篇に孔子言として見える。

君子と交際するのは、かぐわしいこと香り草の部屋に入るかのよう。しばらくしてその香りを感じなくなるのは、〔君子に〕同化するからだ。小人と交際するのは、におい臭きこと干物《ひもの》売りの店に入るかのよう。しばらくしてその臭さを感じなくなるのは、〔小人に〕同化するからだ。だから君子は〔誰に就き誰から去るかについての〕去就に慎むのだ。

七　與君子游、如長日加益、而不自知也。與小人游、如履薄冰、毎履而下、幾何而不陷*乎哉。

＊不陷――底本はこの二字を誤って注の小字とする。

君子《くんし》と游《あそ》ぶこと、長《ちょう》の日《ひ》び加益《かえき》して、自《みずか》ら知《し》らざるが如《ごと》し。小人《しょうじん》と游《あそ》ぶこと、薄《はく》氷《ひょう》を履《ふ》むが如《ごと》し、履《ふ》む毎《ごと》に下《くだ》り、幾何《いくばく》にして陥《おちい》らざらんや。

君子と交際するのは、〔自分の〕身長が日々伸びて行くのに自分では気付かないようなもの〔で日々成長していく〕。小人と交際するのは、薄氷の上を歩くようなもの。踏み出すごとに下がっていって、何歩目かには沈んでしまうのだ。

八　吾不見好學盛而不衰者矣。吾不見好教如食疾子者矣*。吾不見日省而月考之其友者矣。吾不見孜孜而與來而改者矣。

＊者――もと「者」字なし。戴震等が『大典』により補うのに従う。

吾《わ》れ学《がく》を好《この》むこと盛《さか》んにして衰《おとろ》えざる者《もの》を見《み》ず。吾《わ》れ教《おし》うるを好《この》むこと疾《や》める子《こ》に食《く》らわすが如《ごと》き者《もの》を見《み》ず。吾《わ》れ日《ひ》に省《かえり》みて月《つき》にこれを其《そ》の友《とも》に考《かんが》うる者《もの》を見《み》ず。吾《わ》れ孜孜《しし》[1]として来《き》たるを与《ゆる》して改《あらた》[2]むる者《もの》を見《み》ず。

1 孜孜――倦まずにつとめ励むさま。 2 来たるを与して――不詳。王聘珍が「来」を「来学者」と解するのに従っておく。

いつまでも変わらずに学問を好み続ける人を、わたしは見たことがない。病気の子供に食事の世話をするように〔献身的に人に〕教える人を、わたしは見たことがない。〔自分の行いについて〕日々反省し、月々にそれを友人に正してもらう人を、わたしは見たことがない。学びに来る人を倦《う》むことなく受け入れて〔その欠点を〕改めてあげる人を、わたしは見たことがない。

曾子《そうし》天円《てんえん》

篇名は篇首の語による。本篇の内容は多く『淮南子』天文篇と重複しており、君子や孝について説く前章までと異なり、礼楽の始源が天地陰陽にあることを説いている。

單居離問於曾子曰、天圓*而地方者、誠有之乎。曾子曰、離、而聞之云乎。單居離曰、弟子不察、此以敢問也。曾子曰、天之所生上首、地之所生下首。上首之謂圓*、下首之謂方。如誠天圓而地方、則是四角之不揜也。

*圓——もとともに「員」に作る。「員」は「圓」の古字。他にあわせて「圓」に改める。

単居離《ぜんきょり》[1]、曾子《そうし》に問《と》いて曰《い》わく、天円《てんえん》にして地方《ちほう》[2]とは、誠《まこと》にこれ有《あ》りやと。曾子《そうし》曰《い》わく、離《り》よ、而《なんじ》これを聞《き》けるかと[3]。単居離《ぜんきょり》曰《い》わく、弟子《ていし》察《さっ》せず、此《ここ》を以《もっ》て敢《あ》えて問《と》うと。曾子《そうし》曰《い》わく、天《てん》の生《しょう》ずる所《ところ》は首《あたま》を上《うえ》にし、[4] 地《ち》の生《しょう》ずる所《ところ》は首《あたま》を下《した》にす。[4] 首《あたま》を上《うえ》にするをこれ円《えん》と謂《い》い、[5] 首《あたま》を下《した》にするをこれ方《ほう》と謂《い》う。[5] 如《も》し誠《まこと》に天円《てんえん》にして地方《ちほう》なれば、則《すなわ》ち是《こ》れ四角《よすみ》はこれ揜《おお》われず。

1 単居離――事父母篇（一五〇頁）に既出。 **2** 天円にして地方――円形の天の下に方形の地が存在しているとするのが古代中国における一般的な宇宙観。 **3** これを聞けるか――句末の「云乎」は「云爾」に同じ。文を結ぶ語。 **4** 首を上／下にす――「上首」は動物、「下首」は植物を指す。植物の根を動物の口に当てはめて、首を下にすると考えたもの。 **5** 円／方と謂う――「円」は運動を、「方」は静止を象徴する。

単居離《ぜんきょり》が曾子にたずねて言った、天が円形で地が方形というのは、本当なのでしょうか。曾子は言われた、離《り》よ、おまえはそのことを〔すでに〕聞いているのか。単居離は言った、わたくしは〔そのことがよく〕理解できなかったので、あえておたずねしているのです。曾子は言われた、天が生み出したもの（動物）は首《あたま》を上にしており、地が生み出したもの（植物）は首〔すなわち根〕を下にしている。この首を上にしたものを〔よく動くことから〕「円」と呼び、首を下にしたものを〔じっと動かないことから〕「方」と呼んだのだ。もし本当に天が円形で地が方形であれば、地の四隅は〔はみ出して〕天に掩《おお》われないことになろう。

且來、吾語汝。參嘗聞之夫子、曰、天道曰圓、地道曰方。方曰幽、而圓曰明。明者、吐氣者也、是故外景。幽者、含氣者也、是故內景。故火日*外景、而金水內景。吐氣者施、而含氣者化、是以陽施而陰化也。陽之精氣曰神、陰之精氣曰靈。神靈*者、品物之本也、而禮樂仁義之祖也、而善否治亂所由*興作也。

*日――もと「曰」に作る。戴震等に従い改める。　*靈――もと「靈」字なし。戴震等に従い補う。　*由――もと「由」字なし。汪中等が篇末の重複句により補うのに従う。

且《か》つ来《き》たれ、吾《わ》れ汝《なんじ》に語《つ》げん。参嘗《しんかつ》てこれを夫子《ふうし》[1]に聞《き》けり、曰《い》わく、天道《てんどう》を円《えん》と曰《い》い、地道《ちどう》を方《ほう》と曰《い》う。方《ほう》を幽《ゆう》と曰《い》い、円《えん》を明《めい》と曰《い》う。明《めい》なる者《もの》は、気《き》[2]を吐《は》く者《もの》なり、是《こ》の故《ゆえ》に景《かげ》[3]を外《そと》にす。幽《ゆう》なる者《もの》は、気《き》を含《ふく》む者《もの》なり、是《こ》の故《ゆえ》に景《かげ》を内《うち》にす。[4]故《ゆえ》に火《か》日《じつ》は景《かげ》を外《そと》にし、金水《きんすい》は景《かげ》を内《うち》にす。気《き》を吐《は》く者《もの》は施《ほどこ》し、気《き》を含《ふく》む者《もの》は化《か》す、是《ここ》を以《もっ》て陽《よう》は施《ほどこ》して陰《いん》は化《か》す。[5]陽《よう》の精気《せいき》を神《しん》と曰《い》い、陰《いん》の精気《せいき》を霊《れい》と曰《い》う。神霊《しんれい》は、品《ひん》物《ぶつ》[6]の本《もと》なり、礼楽仁義《れいがくじんぎ》の祖《そ》なり、善否治乱《ぜんぴちらん》の由《よ》りて興作《こうさく》する所《ところ》なり。

1 夫子……——孔子を指す。以下、篇末まで孔子の言葉を引く形となっている。 **2** 気——物事の変化・運動をささえるエネルギーのようなもの。光や精液(生命を生み出すもとと考えられていた)も「気」としてイメージされている。 **3** 景——「影」の古字。「光」の意。 **4** 景を内にす——水面や金属面が像を映し出すことを言う。 **5** 陽は施して陰は化す——男女の交合における精液の放出および懐妊のイメージが拡大されて「陽」に「施(ものを生み出す力)」、「陰」に「化(ものを育てる力)」が配されている。 **6** 品物——万物。

まあ来たまえ。おまえに話してやろう。わたしはかつて先生(孔子)から聞いたのだが、天の道《ありかた》は円で、地の道は方。方は幽《くら》く、円は明るい。明るいものは、気を外に吐くものであり、それゆえ光を外に発する。幽いものは、気を内に収めるものであり、それゆえ光を内に蔵する。だから、火や太陽は光を外に発し、金属〔の鏡〕や水は光を内に蔵する。気を外に吐くものは〔ものを〕生み出し、気を内に収めるものは〔ものを〕育《はぐく》む。陽は生み出し、陰は育むというわけだ。陽の精妙な気を「神」と呼び、陰の精妙な気を「霊」と呼ぶ。神と霊とは、万物の本源であり、礼楽仁義の始まりのもとであり、〔物事の〕善否と〔世の〕治乱がそこから生まれてくるところのものなのだ。

陰陽之氣、各從*其所則靜矣。偏則風、倶則靁、交則電、亂則霧、和則雨。陽氣勝、則散爲雨露、陰氣勝、則凝爲霜雪。陽之專氣爲雹*、陰之專氣爲霰*、霰雹者、一氣之化也。

＊從――もと「靜」に作る。戴震等に従い改める。＊爲雹／爲霰――『毛詩正義』小雅・頍弁篇の引用では「雹」「霰」を逆にしているが、底本を改めないでおく。

陰陽《いんよう》の気《き》、各《おの》おの其《そ》の所《ところ》に従《したが》えば則《すなわ》ち静《しず》かなり。偏《へん》すれば[1]則《すなわ》ち風《かぜ》となり、倶《とも》なえば[2]則《すなわ》ち雷《いかずち》となり、交《まじ》われば[2]則《すなわ》ち電《いなびかり》となり、乱《みだ》るれば則《すなわ》ち霧《きり》となり、[3]和《わ》すれば則《すなわ》ち雨《あめ》となる。[3]陽気《ようき》勝《か》てば、則《すなわ》ち散《さん》じて雨露《うろ》と為《な》り、陰気《いんき》勝《か》てば、則《すなわ》ち凝《こ》りて霜雪《そうせつ》と為《な》る。陽《よう》の専《まる》まれる気《き》[4]は雹《ひょう》と為《な》り、陰《いん》の専《まる》まれる気《き》は霰《あられ》と為《な》る。霰雹《せんぱく》は、一気《いっき》の化《か》なり。

1 偏すれば――「偏」は陰陽の勢力が局所的にいずれかに偏ること。 2 倶なえば／交われば――「倶」は陰陽の気がともに同じ場所を占めること。そこに両者の気の運動が加わると「交」となる。 3 霧／雨となる――陰陽の気の和合によって天から雨が降るが、この和合がうまくいかないと地上の霧となる。 4 専まれる気――「専(專)」は「摶」に通じる(孫詒讓引く厳元照説)。「摶」は、丸まる。

陰陽の気は、それぞれが本来の場所におさまっている時は静かであるが、偏ると風となり、ともに同じところにあると雷《いかずち》となり、ぶつかり合うと電《いなびかり》となり、入り交じると霧となり、和合すると雨となる。陽気の方が優勢だと、融解して雨や露となり、陰気の方が優勢だと、凝固して霜や雪となる。陽気の丸く集まったものが雹《ひょう》であり、陰気の丸く集まったものが霰《あられ》である。〔よって〕霰や雹は一つの気が変化したものである。

毛蟲毛而後生、羽蟲羽而後生。毛羽之蟲、陽氣之所生也。介蟲介而後生、鱗蟲鱗而後生。介鱗之蟲、陰氣之所生也。唯人爲倮包而生也、*陰陽之精也。毛蟲之精者曰麟、羽蟲之精者曰鳳、介蟲之精者曰龜、鱗蟲之精者曰龍、倮蟲之精者曰聖人。龍非風不擧、龜非火不兆、鳳非梧不棲、鱗非藪不止、*此皆陰陽之際也。茲四者所以役、聖人之*精也。是故聖人爲天地主、爲山川主、爲鬼神主、爲宗廟主。

＊倮包而生――もと「包」を「匈」に作る。阮元等に従い改める。また、もと「而」下に「後」字あり。汪中等に従い削る。＊鳳非梧不棲、鱗非藪不止――もとこの二句なし。戴震が『大典』により補うのに従う。『説郛』にもこの二句あり。＊精――もと「精」字なし。孫詒讓に従い補う。

毛虫《もうちゅう》[1]は毛《け》ありて後《のち》に生《う》まれ、羽虫《うちゅう》[2]は羽《はね》ありて後《のち》に生《う》まる。毛羽《もうう》の虫《ちゅう》、陽気《ようき》の生《しょう》ずる所《ところ》なり。介虫《かいちゅう》[3]は介《こうら》ありて後《のち》に生《う》まれ、鱗虫《りんちゅう》[4]は鱗《うろこ》ありて後《のち》に生《う》まる。介鱗《かいりん》の虫《ちゅう》、陰気《いんき》の生《しょう》ずる所《ところ》なり。唯《た》だ人《ひと》のみ倮包《らほう》[5]にして生《う》まるると為《な》すは、陰陽《いんよう》の精《せい》なればなり。毛虫《もうちゅう》の精《せい》なる者《もの》を鱗《りん》[6]と曰《い》い、羽虫《うちゅう》の精《せい》なる者《もの》を鳳《ほう》[6]と曰《い》い、介虫《かいちゅう》の精《せい》なる者《もの》を亀《き》[6]と曰《い》い、鱗虫《りんちゅう》の精《せい》なる者《もの》を龍《りょう》[6]と曰《い》い、倮虫《らちゅう》[7]の精《せい》なる者《もの》を聖人《せいじん》と曰《い》う。龍《りょう》は風《かぜ》に非《あら》ざれば挙《あ》がらず、亀《き》は火《ひ》に非《あら》ざれば兆《きざ》さず[8]、鳳《ほう》は梧《ご》に非《あら》ざれば棲《す》まず[9]、鱗《りん》は藪《さわ》[10]に非《あら》ざれば止《とど》まらざるは、此《こ》れ皆《み》な陰陽《いんよう》の際《さい》11なればなり。茲《こ》の四者《ししゃ》の役《えき》せらるる所以《ゆえん》は、聖人《せいじん》の精《せい》なり。12是《こ》の故《ゆえ》に聖人《せいじん》は天地《てんち》の主《しゅ》13たり、山川《さんせん》の主《しゅ》たり、鬼神《きしん》14の主《しゅ》たり、宗廟《そうびょう》の主《しゅ》たり。

1 毛虫――長い体毛を持つ獣《けもの》の類。 **2** 羽虫――羽毛を持つ鳥の類。 **3** 介虫――甲羅を持つカメ・スッポンの類。 **4** 鱗虫――うろこを持つ魚の類。 **5** 倮包――胎児を包む膜。「倮」は「裸」に同じ。「包」は「胞」に通じる。 **6** 麟／鳳／亀／龍――「麟」は聖獣の麒麟。「麟」「鳳」「亀」「龍」をあわせて「四霊」と呼ぶ。 **7** 倮虫――体毛の短い獣の類。 **8** 兆さず――「兆」は亀甲を炙って占う時にできる割れ目(卜兆《ぼくちょう》)。 **9** 鳳は梧に非ざれば棲まず――「梧」は梧桐《あおぎり》。『荘子』秋水篇でも鵷鶵《えんすう》(伝説上の霊鳥)について「梧桐《ごとう》に非ざれば止《とど》まらず」と言われる。 **10** 藪――草木の繁茂する低湿地。 **11** 陰陽の際――陰物の龍・亀が陽物である風火を必要とし、陽物の鳳・麟が陰処にいることを言う。「際」は交わり。 **12** 茲の四者の役せらるる所以は、聖人の精なり――『礼記』礼運篇にも「聖人作《おこ》れば則ち、……四霊以て畜と為す」とある。 **13** 主――祭祀の主。 **14** 鬼神――もろもろの神霊。人の目には見えないが、さまざまなはたらきをする。

毛虫《もうちゅう》(獣の類)は毛が生えてから生まれてくるし、羽虫《うちゅう》(鳥の類)は羽毛が生えてから生まれてくる。毛虫・羽虫は陽気から生まれてきたものだ。介虫《かいちゅう》(亀などの類)は甲羅を身につけて生まれてくるし、鱗虫《りんちゅう》(魚の類)はうろこを身につけて生まれてくる。介虫・鱗虫は陰気から生まれてきたものだ。ただ人だけが裸のまま生まれてくるのは、陰陽の精気によって生まれてきたものだからだ。毛虫のなかで最も精妙なのが麒麟《きりん》であり、羽虫のなかで最も精妙なのが鳳凰《ほうおう》であり、介虫のなかで最も精妙なのが亀であり、鱗虫のなかで最も精妙なのが龍であり、倮虫《らちゅう》(体毛の短い獣の類)のなかで最も精妙なのが聖人である。〔ところで〕龍は風が無ければ躍り上がることはできないし、亀は火で灼かれなければ未来を占う兆しを示すことはできないし、鳳凰は梧桐の木でなければ棲むことができないし、麒麟は草木の繁茂する湿地でなければ憩うことができないというのは、みな陰陽の交わり〔の理《ことわり》〕によるのだ。〔ところが聖人は陰陽の調和を得ているから、このようなことがない。〕これら四霊が〔聖人に〕支配されるのは、聖人の〔陰陽のよろしきを得た〕精妙なる気によるのだ。だから、聖人は天地の祭主であり、山川の祭主であり、もろもろの神霊の祭主であり、宗廟の祭主であるのだ。

聖人愼守日月之數、以察星辰之行、以序四時之順逆、謂之曆。截十二管、以察*八音之上下清濁、謂之律也。律居陰而治陽、曆居陽而治陰。律曆迭相治也、其間不容髮。

＊察――もと「宗」に作る。戴震等が『大典』により改めるのに従う。

聖人《せいじん》は慎《つつし》みて日月《じつげつ》の数《すう》を守《まも》り、以《もっ》て星辰《せいしん》[1]の行《こう》を察《さっ》し、以《もっ》て四時《しいじ》の順逆《じゅんぎゃく》を序《じょ》して、これを暦《れき》と謂《い》う。十二管《じゅうにかん》[2]を截《き》り、以《もっ》て八音《はちいん》[3]の上下清濁《しょうかせいだく》を察《さっ》して、これを律《りつ》と謂《い》う。律《りつ》は陰《いん》に居《お》りて陽《よう》を治《おさ》め[4]、暦《れき》は陽《よう》に居《お》りて陰《いん》を治《おさ》む[5]。律暦《りつれき》の迭《たがい》に相《あ》い治《おさ》むるや、其《そ》の間《かん》、髪《はつ》を容《い》れず[6]。

1 星辰――五惑星を中心とする星々。 **2** 十二管――十二律(十二の音階)を定める竹の管。 **3** 八音――金・石・糸・竹・匏《ひさご》・土・革・木で作った楽器の音。 **4** 律は陰に居りて陽を治め――律は地上のものであるので、「陰に居る」と言われ、十二律と十二月の対応を通じて天上のことを支配するから、「陽を治む」と言われる。 **5** 暦は陽に居りて陰を治む――暦は天象から導かれるので、「陽に居る」と言われ、季節による生物の変化など地上のことを支配するから、「陰を治む」と言われる。 **6** 律は……髪を容れず――この部分は『史記』太史公自序にも引かれる。

聖人は慎んで太陽、月の周期を基準にして、星々の動きを観察し、そうして春夏秋冬の順序を定め、これを暦と呼んだ。〔また〕十二種類の長さの竹管を切り取って、八種類の楽器の音の高低や響きの清濁を調べ定めて、これを律《りつ》(音律)と呼んだ。律は陰(地上)に居りながら陽(天上)を支配し、暦は陽(天上)に居りながら陰(地上)を支配する。律と暦がかわるがわるに〔天上と地上のことを〕支配するさまは、髪の毛を容れる隙間もないほど〔に精巧〕なのだ。

聖人立五禮以爲民望、制五衰以別親疏、和五聲之樂以導民氣、合五味之調以察民情、正五色之位、成五穀之名、序五牲之先後貴賤。

聖人《せいじん》は五礼《ごれい》[1]を立《た》てて以《もっ》て民《たみ》の望《ぼう》と為《な》し、五衰《ごさい》[2]を制《せい》して以《もっ》て親疏《しんそ》を別《わ》かち、五声《ごせい》[3]の楽《がく》を和《わ》して以《もっ》て民《たみ》の気《き》[4]を導《みちび》き、五味《ごみ》[5]の調《ちょう》を合《がっ》して以《もっ》て民《たみ》の情《じょう》を察《さっ》し、五色《ごしょく》[6]の位《くらい》を正《ただ》し、五穀《ごこく》[7]の名《な》を成《な》し、五牲《ごせい》[8]の先後《せんご》[9]貴賤《きせん》を序《じょ》す。

1 五礼――吉（祭祀）・凶（葬喪）・賓《ひん》（交際、外交など）・軍（軍事）・嘉（冠婚、飲食など）の五種の礼。 **2** 五衰――斬衰《ざんさい》・斉衰《しさい》・大功・小功・緦麻《しま》の五等の喪服のこと。死者との親疎の関係によって喪服や喪の期間などが変わることになる。 **3** 五声――宮・商・角・徴《ち》・羽の五種の階名。ド・レ・ミ・ソ・ラに当たる。これを十二律に載せることによりさまざまな曲調を生み出していく。 **4** 民の気――民の風気・気風。音楽はこの民の気に直接作用する力を持つと考えられていた。 **5** 五味――酸・苦・辛・鹹《かん》（塩辛さ）・甘の五種の味。食べ物の味と、それを常食する人の気性との間には相関関係があると考えられていた。 **6** 五色――青・赤・白・黒・黄で、それぞれ東・南・西・北・中央の方位と対応する。 **7** 五穀――麻・黍《もちきび》・稷《うるちきび》・麦・菽《まめ》の代表的な五種の穀類。麻のかわりに稲を加えるなど、他の組み合わせで数えることもある。 **8** 五牲――牛・羊・豕《ぶた》・犬・鶏の五種の犠牲《いけにえ》の動物。 **9** 先後――季節に応じて犠牲の種類が定められていることを言う。『礼記』月令篇では春に羊、夏に鶏、中央土に牛、秋に犬、冬に彘《ぶた》が割り当てられている。

聖人は五つの礼を定めて民の仰ぎ望むところ〔の規範〕とし、五つの喪礼を定めて親疎の区別を行い、五つの調べの音楽を調えて民の風気を導き、五つの味を調合して〔その地の民がどの味を好むかによって〕民の気性を観察し、また五つの色の方位を正し、五つの穀物の名を定め、五種類の犠牲《いけにえ》の〔季節による〕順序と貴賤の違いを定めた。

諸侯之祭、牲*牛曰太牢。大夫之祭、牲羊曰少牢。士之祭、牲特豕曰饋食。無祿者稷饋、稷饋者無尸、無尸者厭也。

*牲——もと「牲」字なし。戴震等が補うのに従う。

諸侯《しょこう》の祭《まつ》りは、牛《うし》を牲《せい》として太牢《たいろう》と曰《い》う。[1] 大夫《たいふ》の祭《まつ》りは、羊《ひつじ》を牲《せい》として少牢《しょうろう》と曰《い》う。[1] 士《し》の祭《まつ》りは、特豕《とくし》[2]を牲《せい》として饋食《きしょく》[3]と曰《い》う。禄《ろく》無《な》き者《もの》は稷饋《しょくき》す[4]、稷饋《しょくき》は尸《し》無《な》し、尸《し》無《な》きは厭《えん》[5]なり。

1 牛を……太牢と曰う／羊を……少牢と曰う——「太牢」は牛・羊・豕《ぶた》の三種の犠牲、「少牢」は羊・豕の二種の犠牲のこと。ここではそれぞれ、その中で最も高級な犠牲が代表として挙げられている。 **2** 特豕——「特」は、ひとつ。士の祭礼で複数種の犠牲を用いないことを言う。 **3** 饋食——祖先の祭祀においては、その孫を尸《かたしろ》に立て、そこに祖先の神霊を寄り付かせて、犠牲の肉などを食べさせる。これを「饋食（食を饋《おく》る）」と言う。**4** 禄無き者は稷饋す――「禄無き者」は庶人と位を失った士大夫。庶人等は犠牲を用いずに「稷《きび》」を代表とする穀物のみを祖先の神霊に捧げる。これを「稷饋」と言う。**5** 厭――厭祭。若死にして尸を立てられない者に対する祭祀で、『礼記』曾子問篇に見える。

諸侯の祭りでは牛〔と羊・豕《ぶた》〕を犠牲として、これを「太牢《たいろう》」と呼ぶ。大夫の祭りでは羊〔と豕〕を犠牲として、これを「少牢《しょうろう》」と呼ぶ。士の祭りは豕だけを犠牲として、〔これらの犠牲を尸《かたしろ》に食べさせるのを〕「饋食《きしょく》」と呼ぶ。俸禄の無い庶人などにおいては〔犠牲を用いずに〕穀物を捧げる。穀物を捧げるには尸を用いず、〔若死にした人に対する〕厭祭と同じようにする。

宗廟曰芻豢、山川曰犧牷、割列禳瘞*、是有五牲。此之謂品物之本、禮樂之祖、善否治亂之所由興作也。

＊禳――もと「穰」に作る。戴震等に従い改める。

宗廟《そうびょう》には芻豢《すうけん》[1]と曰《い》い、山川《さんせん》には犠牷《ぎせん》[1]と曰《い》い、割《わ》り列《さ》き禳《はら》い瘞《うず》む[2]、是《こ》れ五牲《ごせい》有《あ》り。此《こ》れをこれ品物《ひんぶつ》の本《もと》、礼楽《れいがく》の祖《そ》、善否《ぜんぴ》治乱《ちらん》の由《よ》りて興作《こうさく》する所《ところ》と謂《い》うなりと。

1 芻豢／犠牷――牛・羊の犠牲を「芻」、犬・豕の犠牲を「豢」、色に混じり気が無い犠牲を「犠」、体に傷が無い犠牲を「牷」と言う(盧辯説)。**2** 割り列き禳い瘞む――「割」は犠牲を切り分けて供えること。「列」は「裂」に通じ、犠牲を裂《さ》いて磔《はりつけ》にすること。「禳」は磔にした犠牲で邪気を祓うこと。「瘞」は犠牲を埋めて祭ること。

〔犠牲について〕宗廟の祭りでは〔牛・羊を〕「芻《すう》」、〔犬・豕を〕「豢《けん》」と呼び、山川の祭りでは〔色に混じり気が無いのを〕「犠《ぎ》」、〔体に傷が無いのを〕「牷《せん》」と呼び、切り分けたり、裂い〔て磔《はりつけ》にし〕たり、〔磔で邪気を〕祓ったり、埋めたりするのに、〔牛・羊・豕・犬・鶏の〕五種類の犠牲がある。この〔ように陰陽から万物が生まれ、聖人がそれに基づいて礼楽を作り出し、世界が秩序付けられていくという〕ことを指して〔陰陽の精気である神と霊とが〕万物の本源であり、礼楽の始まりのもとであり、〔物事の〕善否と〔世の〕治乱がそこから生まれてくるところのものであると言うのだ。

解説

曾子《そうし》は孔子(前五五二または前五五一―前四七九)の高弟の一人である。名は参《しん》、『史記』では孔子より四十六歳年少であったとされる(仲尼弟子列伝)。『論語』では、一方では、「参や魯《ろ》(魯鈍《にぶい》)」と評されているものの(先進《せんしん》篇11・18)、努力して学んでいったのであろう、「わが道は一《いつ》以てこれを貫《つらぬ》く」と語る孔子の教えの核心を、自らの弟子に対して「忠恕《まごころ》のみ」と解き明かす姿が記されている(里仁《りじん》篇4・15)。その父の曾点《そうてん》は『論語』ではやや風変りな人物として描かれているが(先進篇11・26)、曾子はこの父によくつかえていたらしく、『孟子』をはじめとする諸書に、その孝行譚が残されている。

ここに訳出した『孝経《こうきょう》』『曾子』は曾子後学の手によって編纂されたものと考えられ、孔子以後の儒家思想の展開の一端を伝える貴重な資料である。のみならず、特に『孝経』は東アジアにおいて『論語』とともに広く読み継がれ、わが国をふくめた東アジアにおける道徳観の基底をなしている。

卒業式で歌われる「仰げば尊し」の「身を立て名を揚げ」を聞いても、『孝経』開宗明義章の「身を立て道を行い、名を後世に揚ぐ」(一二頁)を思い起こす人が少なくなってしまった現代、それだけ『孝経』や「孝」から遠ざかってしまった現代からは想像し難くなってしまったが、われわれの数世代前くらいまでは、「孝は百行《ひゃくこう》(すべての行い)の本《もと》(根本)」とされ、親に「孝」を尽くすことが人としての当然の務めであると考えられていた。後にキリスト教徒となった内村鑑三にしても、その若年を回顧して、

> 孝は百行の本なりと教えられた、『ヱホバをおそるるは知識の本《もと》なり』というソロモンの箴言《しんげん》に似ている。寒中に筍《たけのこ》が欲しいという年とった親の無理な要求に従い竹《たけ》藪《やぶ》を探して雪の下から奇蹟的にその幼芽《ようが》を発見したという孝子の物語は、ヨセフの物語が基督《キリスト》教国のすべての少年にそうであるように、余の国のすべての子供の記憶にあざやかなのである。(鈴木俊郎訳『余は如何にして基督信徒となりし乎』岩波文庫、一五頁)

と語っている。寒中の筍の話は、孟宗竹の名の由来とされる孟宗のエピソードである。

現代では知る人も少なくなったこのような孝行譚が、内村氏の幼少時代には世にあふれていたのである。過去の偉人の伝記を繙《ひもと》けば、その幼少時代の孝行があわせ記されているのが常であるが、これが記されるのは、後の偉大な功績の基《もとい》も「百行の本」である「孝」の実践により培われたと観念されていたからである。「孝」を抜きにして、過去の日本人の精神のあり方を語ることはできない。

この「孝」の原論とも言うべき書物が『孝経』である。ここで『曾子』をあわせて訳出するのは、岩波文庫旧版(武内義雄・坂本良太郎訳註『孝経・曾子』)の形式を受け継ぐものであるが、『孝経』が生み出されるに至る思想的背景を知るのに有益であろうと考えたからである。

『曾子』は冒頭から「君子」について語る章が延々と続くという特異な構成を持っている。ここに曾子およびその後学の関心のありかを見て取ることができるであろう。「君子」とはすぐれた人物の謂《いい》であるが、この場合の「すぐれた」とは、血筋の良さや地位の高さ、財産の多さや技能の卓越さなどとは無縁である。そのようなものをすべて失ってもなお「すぐれた」と言われうる人物のことである。それは自己における勤勉、節制、慎重、勇敢、あるいは他者に対する親切、寛容、誠実、謙譲といったさまざまな

「徳」を身につけた人物のことであるが、彼らはそれをより具体的に描き出していくとともに、いかにすれば自分がそのような存在となり得るかについて探求していく。もちろんこのような探求は孔子(『論語』)を受け継ぐものである。

この探求において彼らが特に注目したのが「孝」である。「孝」とは、まごころを尽くして親につかえることであり、彼らはすべての徳の根底にこの「孝」を置く。「孝」であろうとすることによって、すべての徳を身につける力が養われると考えるわけである。同様な考え方の萌芽は『論語』学而《がくじ》篇1・2の「孝弟(=悌)なる者は、其れ仁の本たるか」などにも認めることができるが、彼らは「孝」を「愛」と「敬」とに分節することによってこれをより明確にしていく。

まず「愛」とは人と人とを結びつける力のことであり、相手のことを自分のことと同じように感じ取る力のことである。「親しみはこれを膝下《しっか》に生ず」(『孝経』聖治章、三四頁)と、彼らはこの力が最初に養われる場を、幼子《おさなご》が親にべたべたとまとわりついていく姿に見いだす。幼子は自分と親との間に境界線を設けない。親がにっこりと微笑んでいれば自分もうれしいと感じるし、親がふさぎ込んでいれば自分もかなしいと感じる。親が痛みに顔をしかめれば、あたかも自分も同じところが痛いかのように顔をしかめる。

この他者の痛みを自己の痛みと感じるこころ、他者のよろこびを自己のよろこびと感じるこころ、このこころを以て親につかえることを通じて、他者を愛する力が養われていくと彼らは考える。

この「愛」が自己と他者とを結びつけるものであるのに対し、「敬」は自己と他者とを切り分けるものである。上に引いた『孝経』聖治章の文章は、「以て父母を養わば日《ひ》びに厳《いっく》しき(敬う気持ち)あり」と続けられている。最初は親にまとわりついているだけであった幼子も、やや長ずれば親の言うことを聞いて、あれこれと親をよろこばせるようになる。自分のすることを親が認めてくれるのがうれしくてそうするのではあろうが、親への敬意の芽生えがここにある。親が自分にとって大切な存在であると感じているからこそ、その親に認められてうれしいと感じるのである。自分が認められたいと思うこころの背後には、相手を認めるこころのはたらきがある。このこころのはたらきが「敬」であり、これは自他を分離するとともに、他者を価値あるものとして認めるものである。親に認められたい気持ちを梃子《てこ》にして、親の言いつけに従い親をよろこばせる。そうして親につかえながら親への敬意を高めていくとともに、他者を敬する力もまた養われていくと彼らは考える。

ない。「愛」が無ければ人と人とは結びついていかないから、そもそも人の世界が成り立たない。ただ、「愛」だけでは自他が切り分けられないから、秩序を形成することができない。「敬」によって人と人とが適切な距離を保つことで、そこに秩序を持った人の世界が生み出されることになる。これが彼らの考える人の世界である。これと対照的なのは、利害によって人と人とが結びつき、権力によって秩序が形成される世界であろう。このような利害と権力のうずまく世界を彼らは人の世界のあるべき姿として認めない。すべての人間関係はあくまで「愛」と「敬」とによって成り立たなければならないと考える。親子、兄弟、夫婦、君臣、長幼、朋友みな然りである。よって彼らはこれらの人間関係の違いに目を向けるよりは、これらの人間関係を共通に成り立たせるものに注目していく。すなわち「愛」と「敬」であり、その力はまずは「孝」であろうとすることによって養われる。この親子の間で養われた、愛する力、敬する力は他の人間関係においても同様に発揮されるはずである。『曾子』や『孝経』で、親に対して「孝」である者は、主君に対しても「忠」であると繰り返し語られるのは、そう考えるが故である。主君に対する「忠」もまた「愛」と「敬」とを基盤とするのであり、親子の間でこの二者の力を養い得た者は、君臣の間においてもその力を発揮して忠臣としてふるまえる、すなわち「忠」という徳を身につけることになる。これは他のすべての人間関係においても同様である。それゆえ「孝」が諸徳の根源とされるのである。
このように考えられた「孝」は諸徳の根源であると同時に、すべての人間関係をその根底でささえる原理となるであろう。そこで彼らは、この原理に基づく人の世界、すなわち天子以下、諸侯、卿大夫、士、庶人といった社会の各階層がそれぞれに「孝」を実践することによって実現される、あるべき世界を構想していく。それが文献として結実したものが『孝経』である。以下、『曾子』と『孝経』というこの二つの文献について、若干の解説を加えておく。

中国最古の図書目録である『漢書』芸文志《げいもんし》では『曾子』は十八篇と記録されている。この十八篇の『曾子』はつとに散佚してしまっているが、漢代の戴徳《たいとく》によって編纂されたとされる『大戴礼記《だたいらいき》』の第四十九篇から第五十八篇にかけて篇名に「曾子」二字を冠した十篇が残されており、『曾子』から取られたものと考えられている。本書が訳出したのも、この『大戴礼記』中の十篇である。この十篇において曾参が「曾子」と「子(先生)」を付けて記されていることから、これが曾子後学の手になることは明らかである。ただし大孝篇《たいこう》に弟子の楽正子春《がくせいししゅん》のエピソードに基づく章があることからも明らかなように、再伝の弟子以後によって記された部分を含み、十篇すべてが同時に成立したとは考え難い。

十篇は形式の上から、篇首に「曾子曰」を冠して、以下に曾子言を連ねるもの(a)と、弟子等との対話の形を取るもの(b)とに二分され、前者はさらに「孝」を主題とするもの(a-1)と、主題としないもの(a-2)に二分される。

- (a)
  - (a-1) 曾子本孝／曾子立孝
  - (a-2) 曾子立事／曾子制言上／曾子制言中／曾子制言下
- (b) 曾子大孝／曾子事父母／曾子疾病／曾子天円

この主題による区分は非常に明確で、(a-1)ではほぼ章ごとに「孝」字が見えるのに対して、(a-2)ではわずか一か所に見えるにすぎない。また、(a-2)に分類される立事篇《りつじ》と制言篇《せいげん》がともに「君子」について多く語りながらも、前者がその変わらぬ姿を描き出すのに対し、後者は「君子」が受け入れられない世においていかにふるまうべきかを主としているというように、これらの篇を編んだ者の編集意識は比較的明確である。

このことは、（a）の形を取る篇が、曾子言の一次的な集積によるのではなく、何らかの曾子語録のような資料をもとに、そこに編集の手を加えることによって成ったことを示している。ではあるが、これらの篇においては原資料の文章が比較的忠実に取られているものと考えてよいであろう。

（b）の形を取る篇もまた、何らかの曾子語録のような資料をもとにして、それを対話の形に加工したものと考えられる。ただ、その加工の度合いは篇によって異なる。たとえば疾病《しっぺい》篇は息子たちに臨終の言葉を伝える形を取っているが、それを構成する各章の文章の相互の関連は薄く、それらを切り離して（a）の形を取る篇に組み入れても全く違和感はない。原資料から臨終の言葉としてふさわしいものをそのまま抜き出してならべ、その冒頭に文章を付け加えて臨終の場面を構成したものと考えてよいであろう。これが事父母《じふぼ》篇になると、内容的には（a）の形を取る篇と大きな差はないものの、問いと答えの形式が整えられており、原資料の文章に対する編者の加工の跡が明確になる。大孝篇に至ると前述のように弟子のエピソードに基づく章を含むようになり、弟子との対話の形を取る部分でも道家が「道」の遍在性（どこにでも存在していること）を語るのと同じような表現で「孝」の遍在性が語られるなど（一四〇頁）、（a）の形を取る篇では見えなかった要素が付け加わってくる。さらに天円《てんえん》篇に至ると、他篇では全く触れられることのない天地陰陽に関する理論を用いて議論がなされるようになる。これが何らかの原資料に基づいていたとしても、編者によるほとんど創作といってよい加工がそこに加えられていると考えてよいであろう。よって、各篇の相対的な成立の順序としては、(a)の形を取る篇→疾病篇→事父母篇→大孝篇→天円篇であったであろうと推定される。

これらの各篇が編集された年代を特定することはできないものの、大孝篇と天円篇を除いた各篇が依拠した原資料は相応に古い時代に成立したものと考えられる。近年では、紀元前三世紀はじめ頃に書写されたと考えられる古写本で、立孝《りっこう》篇の首章とほぼ一致する文章と、事父母篇首章と多く重複する文章を有する、上海博物館蔵戦国楚竹書『内《ない》礼《れい》』が出土してきており、これらの篇が依拠した資料の由来の古さを証している。ただ、それがすべて曾子その人に由来するかどうかはわからない。『曾子』に限らず、諸子百家の文献は、その学派に関する文献の集成といった性格が強く、それを特定の個人の著作や特定の個人の言行の記録と見ることが難しいからである。よって、『曾子』に残された曾子言から、真に曾子その人に由来するものを完全に分離することはできないが、(a)の形を取る篇に属する章の内、比較的短文のものは、内容的にも多く『論語』と重複し、孔子思想の祖述者の言としてふさわしく、曾子その人に帰して大過ないと思われる。(b)の形を取る篇でも、疾病篇と事父母篇は内容的に(a)の形を取る篇に近いから、これを曾子臨終の語や弟子との対話の実録と見ることはできないものの、ほぼ曾子の言葉を伝えていると見てよいであろう。それに対し、大孝篇や天円篇の言葉はこれを曾子その人に帰することは難しく、多く曾子後学の言を交えていると考えられる。特に天円篇はかなり時代の下った時期に成立したものと見なければならない。

次に『孝経』は、孔子と曾子の対話の形を取っている。よって、古い伝承では、孔子もしくは曾子の作であるとされてきた。だが、文中で「曾子」と尊称されていることから、『曾子』と同様、これが曾子後学の手になるものであることは明らかである。ただ、すべてが一人の手によって同時に記されたとは考え難く、曾子後学において蓄積されてきた「孝」についての言説がある段階でまとめられたものと見るべきである。

『孝経』の主張の中心は「孝治《こうち》」にある。「孝治」とは「孝」によって世を治めること、すなわち、「孝」によってあるべき人の世界を実現することである。これが可能であるのは、上に述べたように、「孝」がすべての人間関係をその根底でささえる原理とされるからである。人の世界をささえる原理であるこの「孝」が、『孝経』においてはさらに天地を含む宇宙的な原理にまで拡大されている(三才《さんざい》章、二五頁)。これは、『曾子』の大孝篇で「孝」の遍在性が語られるのと同様である。このことは、『孝経』の成立が大孝篇と前後する時期にあることを示している。

また『孝経』では、その主たる関心が「孝治」にあるが故に、親子という関係の特殊性が強調されるよりは、これを他の人間関係と並列してしまう傾向が強くなっている。これは諫諍《かんそう》(父や君を諫《いさ》めること)に対する考え方において顕著である。主君に対しては「三たび諫めて聴かれざれば、則ちこれを逃《さ》る」のに対して、「三たび諫めて聴かれざれば、則ち号泣してこれに随《したが》う」のが儒家の考える本来の親子の関係である(『礼記』曲礼下篇)。『論語』里仁篇4・18に「父母に事《つか》うるには幾諫《きかん》す(穏やかに諫める)。〔父母の〕志の〔諫めに〕従わざるを見ては、又た敬して違《たが》わず」とあるように、親に従い違わないのが「孝」の基本であり、親を諫めるに際してはこの「孝」を失わないための最大限の配慮が求められる。この配慮は『曾子』の事父母篇などにも明確に示されている。それが『孝経』諫争《かんそう》章になると、父への諫諍も主君への諫諍と完全に同列に語られていて、父を諫めることにおけるためらいのようなものをそこに読み取ることはできない。『荀子』子道《しどう》篇に「道に従いて君に従わず、義に従いて父に従わず」とあるような、より普遍的な正しさに直ちに従うのを是とする考え方に接近していくのである。これは『孝経』の成立が荀子(前四世紀後半―前三世紀後半)の時代からそれほど隔たっていないことを示唆していよう。

秦の始皇帝の宰相であった呂不韋《りょふい》(?―前二三五)のもとで編纂された『呂氏春秋』の先識覧《せんしきらん》・察微《さつび》篇に『孝経』諸侯章の一節が「孝経曰」を冠して引かれていること、同書の孝行覧・孝行篇に天子章の一節が見えていることを考えるならば、『孝経』の成立が秦の統一以前に遡ることを疑う積極的な理由はない。おそらくは、荀子よりやや早く、孟子(前四世紀前半―前三世紀初頭)と荀子の間に位置する時期、すなわち紀元前三世紀の初頭から中葉頃には成立していたものと思われる。『曾子』の大孝篇の成立もだいたいこの頃と考えてよいから、これらの資料に基づいて戦国時代後期の孝思想の概要をうかがうことができる。これを『曾子』の他の部分(天円篇を除く)と比べることにより、われわれは曾子以後の孝思想の展開のあらましを追うことができるわけである。

さて『孝経』は、『漢書』芸文志では「孝経一篇十八章」と「孝経古孔氏一篇二十二章」の二種が著録されている。これは秦の始皇帝による焚書の影響である。前者は焚書の際に顔芝《がんし》という人物が隠し持っていたテキストで、その子の顔貞《がんてい》が漢初に伝えたものとされる(『隋書』経籍志)。これは漢代に通行した書体である隷書で記された形で伝えられたので「今文孝経《きんぶん》」と呼ばれる。「今文」とは「今の文字」の意味である。後者は焚書時に隠されたテキストが漢代になって再発見されたもので、隷書以前の書体で記されていたので「古文孝経」と呼ばれる。「古文」とは「古い文字」の意味である。「孔氏」とあるのは、前漢武帝期(前一四一—前八七)の学者である孔安国《こうあんこく》がこれに伝(注釈)を付けたものが伝わったからである。古文の方が四章多いが、内三章は章分けが異なるだけで、実際に多いのは一章だけであったとされる(『漢書』顔師古注引く劉向『別録』)。

この古文孝経は六朝《りくちょう》時代の梁《りょう》(五〇二—五五七)の末には一度滅んでしまう。以後伝えられたのは鄭氏《ていし》注の付けられた今文孝経のみであったが、隋《ずい》代(五八一—六一八)に王劭《おうしょう》が古文孝経孔安国伝を再発見し、これに劉炫《りゅうげん》が注釈(『孝経述議』)を付けて広めたことにより、再び、今文と古文の二つのテキストが並び立つことになる(『隋書』経籍志)。

この今文孝経に付けられた鄭氏注(鄭注)は、後漢の鄭玄《じょうげん》(一二七—二〇〇)の注であるとされるが、これが真に鄭玄の手になるものであるのか否かは現在でも決着のついていない問題である。隋代に再発見された古文の孔安国伝(孔伝)は、その注釈の形式から、漢の孔安国のものではなく六朝時代の偽作であろうと現在では考えられている。問題は、その経文《けいぶん》がどれだけ漢代の古文テキストを忠実に伝えているかであるが、それを確認するすべをわれわれは持たない。ともあれ、隋代に今・古文のテキストが並び立つことにより、以後、両者の優劣やそこに付けられた注の真偽をめぐって議論がわき起こることになった。特に劉知幾《りゅうちき》(古文支持)と司馬貞《しばてい》(今文支持)との論争は有名である(『唐会要』巻七七)。

この議論に終止符を打ち、『孝経』の解釈を統一するために、唐の玄宗(在位七一二―七五六)が諸家の解釈を取捨して今文のテキストをもとに自ら注釈を付けることになる。これが御注《ぎょちゅう》孝経である。玄宗は開元十年(七二二)にこの注を完成させるとともに、元行《げんこう》沖《ちゅう》にその注釈の意を敷衍した疏《そ》を作らせている(『唐会要』巻三六、『旧唐書』元行沖伝)。玄宗はのちにこの注に手を加え、天宝二年(七四三)に再び注を完成させている(『唐会要』巻三六)。これが天宝重注《てんぽうちょうちゅう》であり、対して先の注は開元始注《かいげんしちゅう》と呼ばれる。玄宗は天宝重注を完成させるとともに、これを石刻している。石台碑《せきだいひ》と呼ばれるその碑は現在でも西安の碑林(西安碑林博物館)に残っており、本書が底本としたのもこれである(次頁参照)。こ

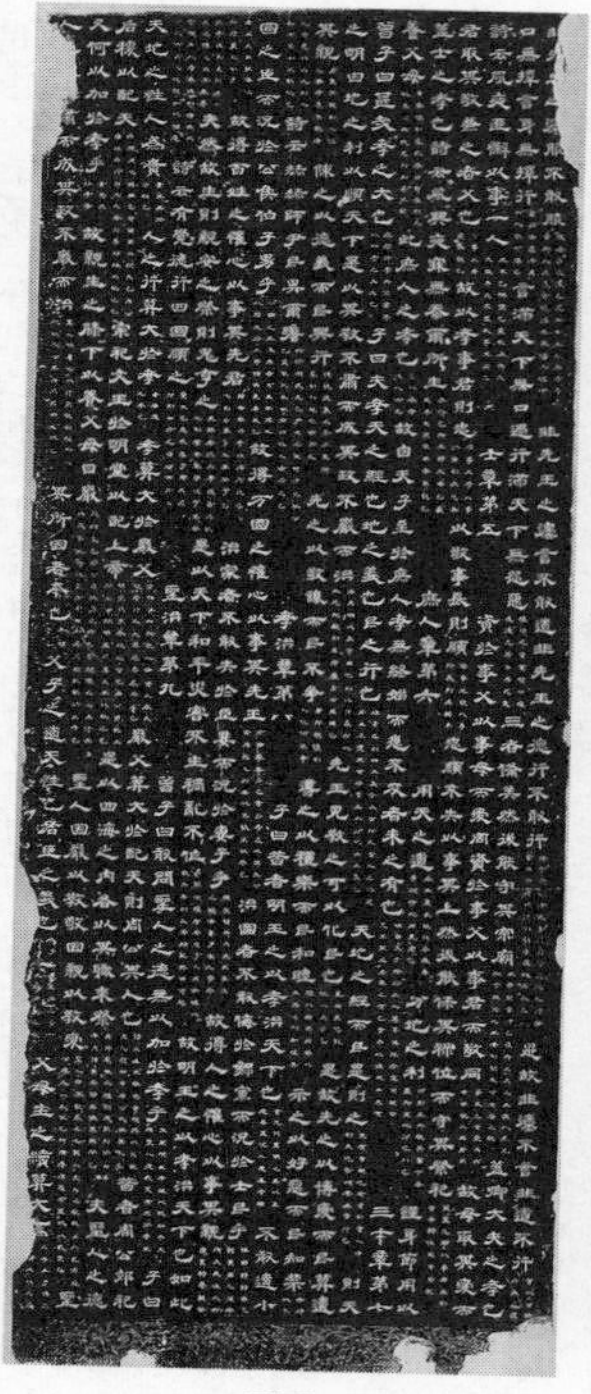
西面

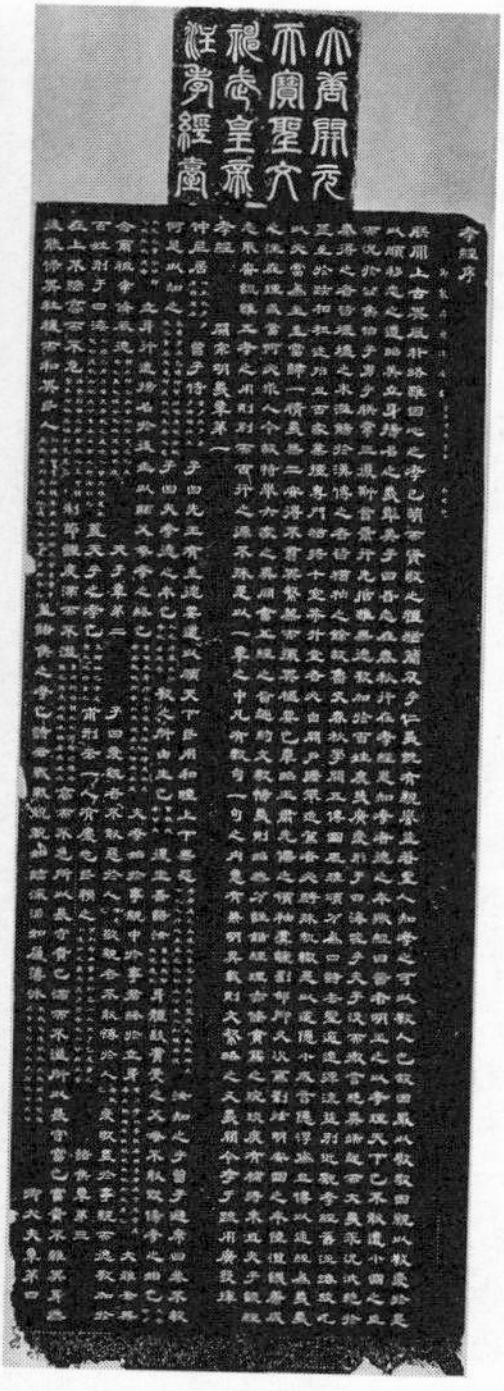
南面

石台孝経　唐玄宗書

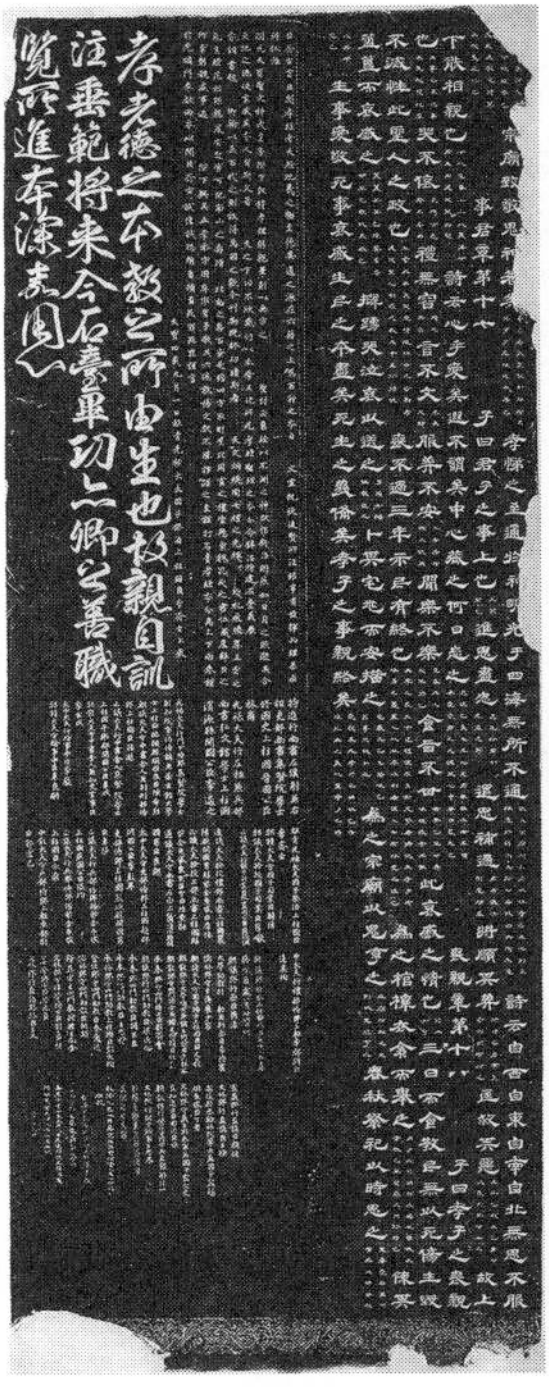

東面

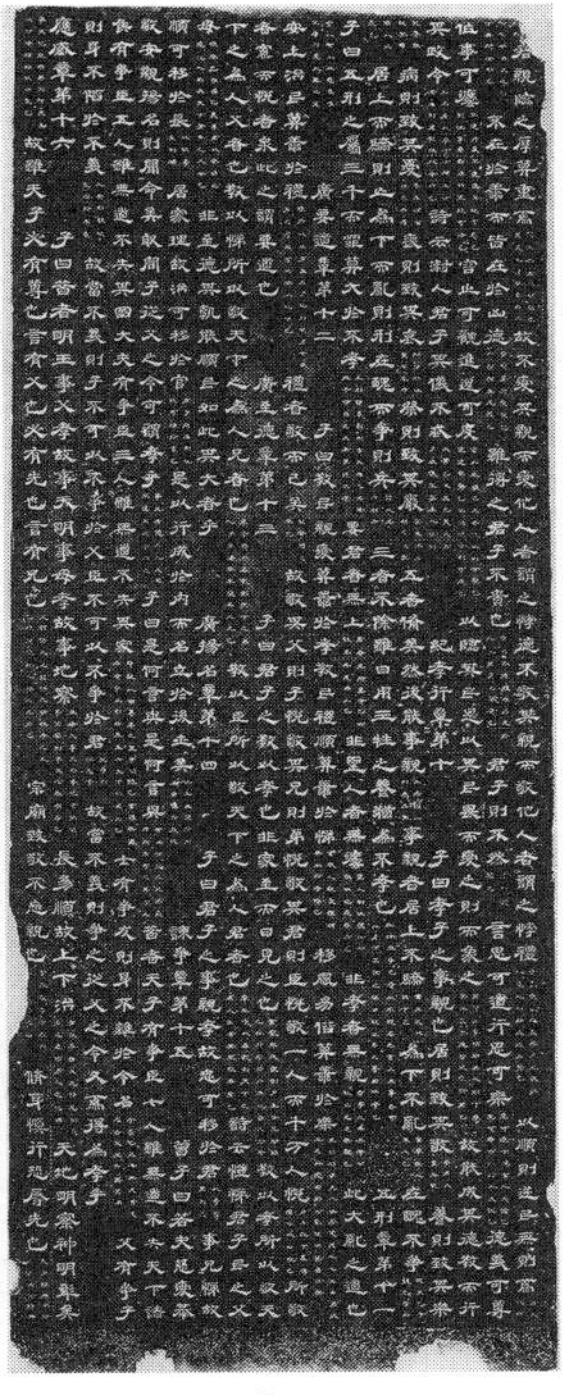

北面

の天宝重注が広まることにより、他の注釈はやがて淘汰され、古文の孔安国伝、今文の鄭氏注、開元始注とともに、かの地では姿を消すことになる。

『孝経』のわが国への伝来については記録を欠くが、古くは聖徳太子の『憲法十七条』にその引用が認められ(『日本書紀』)、律令においては「孝経は孔安国、鄭玄の注」を教授せよとの学令《がくりょう》が下されている(『令義解《りょうのぎげ》』)。その後、清和天皇が貞観二年(八六〇)に御注を主とせよとする詔を出され(『三代実録』)、以後、皇族の御読書始《ごとくしょはじめ》などの儀式においては御注が用いられることになる。とは言え、孔安国伝、鄭氏注が禁じられることはなく、わが国ではともに伝え継がれていく。宋の雍熙《ようき》元年(九八四)に、日本の僧奝然《ちょうねん》が鄭氏注を太宗に献上するが(『宋史』日本伝)、それもかの地では失われ、わが国においても鄭氏注の伝承はやがて途絶えてしまう。一方、古文の孔安国伝はわが国では広く読み継がれ、鎌倉時代の清原教隆《きよはらのりたか》の訓点を伝える京都大学附属図書館清原文庫蔵鈔本をはじめとして多数の写本が残されており、江戸時代には荻生徂徠《おぎゅうそらい》の弟子の太宰春台《だざいしゅんだい》が享保十七年(一七三二)に『孝経孔伝』を刊行している。これが清《しん》国に逆輸入され、鮑廷《ほうてい》博《はく》の知《ち》不《ふ》足斎《そくさい》叢書に入れられることにより、かの地でも再び古文孝経孔安国伝が流通することになる。

わが国でも伝承の途絶えてしまった鄭氏注であるが、唐の太宗(在位六二七—六四九)が魏徴《ぎちょう》等に編纂させた『群書治要《ぐんしょちよう》』にその少なからぬ部分が保存されている。この書もまたかの地では早くも宋代に滅んでしまったものの、わが国ではその写本の一つが金沢文庫に残されていた。これに基づいて徳川家康が『群書治要』の刊行を命じ(元和本)、この元和本をもとに天明七年(一七八二)、尾張藩がこれを再刊するに至る。この再刊作業に携わった岡田挺之《ていし》が『群書治要』の鄭氏注を経文に付して寛政六年(一七九四)に『鄭注孝経』を刊行する。これが清国に渡って以後、洪頤煊《こういけん》、厳可均《げんかきん》等による鄭氏注の集成の作業がかの地でも続けられることになる。ただ、諸書に引かれた鄭氏注を集めるというこの作業ではその全体を復元するには至らない。幸いなことに、二〇世紀初頭に発見された敦煌《とんこう》写本の内に今文孝経鄭氏注がいくつか保存されており、現在ではほぼその全容が知られるようになっている(林秀一『孝経学論集』)。

開元始注もまたわが国には享禄四年(一五三一)三条西実隆《さねたか》手鈔の一巻が残されており、江戸時代の寛政十二年(一八〇〇)に屋代弘賢《やしろひろかた》がこれを覆刻している。

岩波文庫旧版ではこれらのテキスト間の異同をすべて注記していたが、同じく今文に属する鄭氏注本と開元始注本、天宝重注本の間では、鄭氏注本で庶人章の「及」字下に

「己」字があるのを除いては、解釈に大きな影響を与えるような異同はない。他に目立つ異同は、「いう」の意味で用いられる「道」字が、前二者では「導」に記されていることと、鄭氏注本に無い句末の「也」字が、後二者では多く付け加えられているといった程度である。今文、古文間の異同も今文が「不」「無」「汝」「義」を用いるところを、古文では多く「弗」「亡」「女」「誼」を用いているなど、解釈に影響を与えることのない文字遣いの相違によるものが大半である。よって本書では、これらの異同をすべて示すことはせず、解釈の違いを生ずるような主要な異同についてのみ注記することとした。古文については、林秀一氏（明徳出版社、中国古典新書）、栗原圭介氏（明治書院、新釈漢文大系）による訳注が古文テキストに基づいているので両書を参照されたい。また、近年刊行された野間文史氏の『孝経――唐・玄宗御注の本文訳 附孔安国伝』（明徳出版社）は副題の通り今文の御注による本文訳に古文孔安国伝の原文・書き下し文が加えられており、今・古文や御注・孔伝の違いを知るのにたいへん便利である。

『孝経』の注釈書は汗牛充棟で枚挙に遑《いとま》がない。御注に関しては、宋の真宗の咸平《かんぺい》三年（一〇〇〇）に邢昺《けいへい》が詔を受けて元行沖の疏を修訂した『孝経正義』三巻があり、詳細を極めている。これは清の阮元《げんげん》の『十三経注疏』にも納められているが、阮元の子の阮《げん》福《ふく》による『孝経義疏補』が校訂も行き届いており閲読に便利である。古文については前述の劉炫『孝経述議』がその全てではないもののわが国に残されており、林秀一『孝経述議復原に関する研究』がその復元を試みている。鄭氏注については、皮錫瑞《ひしゃくずい》『孝経鄭注疏』が詳細であるが、敦煌写本発見以前のものであり、敦煌写本の情報が取り入れられたものとしては陳鉄凡《ちんてつはん》『孝経鄭注校証』が便利である。また同氏の『孝経学源流』は『孝経』に関する資料や議論がコンパクトにまとめられており、歴代の注釈書の一覧も載せられている。『孝経』の注釈史に関しては同書を参照されたい。

『曾子』十篇を含む『大戴礼記』は、北周の盧辯《ろべん》の注が付けられたテキストのみが伝わっている。現在残されている刊本の最も古いものは元の嘉興路学《かこうろがく》本で、明の袁氏嘉趣《えんしかしゅ》堂《どう》本がそれに次ぐ。両者はともに宋の韓元吉《かんげんきつ》本に基づくものである。後者は『四部叢刊』にも納められており、本書が底本としたのもこれである。ただし、テキストの乱れが多く、そのままでは読解不能な部分が少なくない。これに本格的な校訂を加えたのが清の戴震《たいしん》や盧見曾《りょけんそう》で、彼らの作業をもとに孔広森《こうこうしん》、汪照《おうしょう》、王聘珍《おうへいちん》、王樹楠《おうじゅなん》、孫詒讓《そんいじょう》、戴《たい》礼《れい》等がさらに注解を加えている。これらの校注については、黄懐信《こうかいしん》『大戴礼記彙校集注』、方向東《ほうこうとう》『大戴礼記匯校集解』が集成をしており、閲覧に便利である。また、『大戴礼記』の『曾子』の部分に注解を加えたものとしては、阮元の『曾子注釈』がある。

最後にいくつか補記しておきたい。ひとつは、二〇一五年に発見された海昏竹書《かいこんちくしょ》についてである。これは前漢の廃帝劉賀《りゅうが》(後の海昏侯、前九二?—前五九)の墓から出土した竹簡群で、今本《きんぽん》より篇数の多い『斉論《せいろん》』(漢代の斉の地方の学者が伝えた『論語』のテキストで、問王・知道の二篇を加えた二十二篇であったとされる)とおぼしき『論語』テキストをはじめとして儒家経典に関する典籍が多数含まれている。竹簡の保存状態が非常に悪く、その整理作業も大いに難航しているようであるが、そこには『孝経』もしくは孝行について解説したと考えられる書籍も含まれており、『曾子』と重複する文章も多数引用されていることがわかってきている。『曾子』テキストの本来の姿を考える上で有力な新資料が現れてきたわけである。まだ正式な報告書は刊行されていないものの、二〇二〇年末に出版された『海昏簡牘初論』(北京大学出版社)によれば、たとえば曾子疾病篇第六章(一九八頁)の一部が竹簡上に残されており、そこでは「鮑魚之次」が『群書治要』の『曾子』の部分と同じく「魚次之室(魚屋の部屋)」となっている。本訳注では『大戴礼記』の曾子十篇を訳出するという立場から、底本のままで読み得る部分についてはあまりテキストに手を加えず、この部分も「鮑魚之次」のままで解しておいたが、『曾子』のこの部分は元来「魚次之室」であった可能性が高いことになる。失われた『曾子』テキストを復元するという立場を取るならば、この部分は「魚次之室」に改めるべきであろう。とは言え、この海昏竹書にせよ上海博物館蔵の『内礼』にせよ、当時の『曾子』(の一部分)がそのまま出土してきたわけではないから、このような新出土資料を用いても『曾子』テキストの本来の形を推測していくのは依然として困難な作業である。この困難を克服して『曾子』テキストのより古い形を復元し、その復元されたテキストに基づいて『曾子』を訳出していく仕事は将来の学者の手にゆだねたいと思う。

ふたつめは、『孝経』『曾子』に見える特異な思想についてである。そこでは自己の身体が父母の「遺体」であると考えられている。この場合の「遺体」とは、父母が伝え「遺した体」の意味で、これを大切に扱って傷つけないのが「孝」であるとされる。これは自分の身体を己が所有とし、己が自由に扱えるとする考えとは真っ向から対立するものである。もちろんこれは子の身体の所有権を親に帰するものではない。父母の「遺体」が自分であり、そのさらなる「遺体」が自分の子であるのだから、子の身体を親たる自分が自由に扱うことはゆるされない。実際、祖先祭祀の場においては、自分の親の神霊を寄り付かせる尸《かたしろ》として自分の子が使われるのであり、自分の子を傷つけることは間接的に自分の親を傷つけることになる。自己を父母の「遺体」と見る思想においては、身体さらに生命は個に専属するものではなく、より大きな生命の流れのなかで個に分与されたものとなるのである。この生命観の構造を解明し、そこにある「孝の宗教性」を明らかにされたのが加地伸行氏である。この「孝の宗教性」については、ここで解説を加えるよりも、直接に加地氏の話に耳を傾けてもらった方がよいであろう。『孝経』(講談社学術文庫)の訳注や、『儒教とは何か』(中公新書)をはじめとする氏の著作を参照されたい。

それから、これもまた現代のわれわれにとってはすでに特異な思想となってしまったように感じられるが、「人倫」についてここで補記しておくのも、この書を理解する上で有益であろう。「人倫」の語は『孟子』滕文公《とうぶんこう》篇に由来し、そこでは「父子親有り、君臣義有り、夫婦別有り、長幼序有り、朋友信有り」の五者が「人倫」(「五倫」)として語られている。「父子」の関係や「長幼」の代表である兄弟の関係は別として、「君臣」「夫婦」「朋友」といった人間関係などは、現代人の感覚からすれば、人が自ら取り結んだ関係であり、その関係において人が踏み行うべき「倫《みち》」もまた、人が自ら取り決めたものとなろう。だが、「五倫」を語る者たちは、これらを「人」が定めるものではなく、「天」が与えたものであると観念していた。

独立した個人がまず存在していて、その個人と個人が自らの意志で結びついて人間関係が構築される

と考えるのではなく、

「五倫」に代表される人間関係がまず与えられていて、そこで踏み行われるべき「倫《みち》」を行うことを通じて「人」となる

と考えるわけである。よって、この「人倫」を踏み行わない者は、姿形はひとであっても、もはや「人」の「倫《ともがら》」ではなく、「禽獣」と同等と見なされることになる。「孝」もまた「人」の踏み行うべき「倫《みち》」であるから、子は「孝」を行うことによって自らが「人」であることを立証していくのであり、「孝」を行わないことは自らを「禽獣」の状態にとどめ置くことになる。「孝」を行ってはじめて「人」となるのである。

現代のわれわれであれば、父子の関係と夫婦の関係は異なる人間関係であるから、良好な父子の関係を結んでいる者が、夫婦の関係においても必ず良好であり得るとは考えない。他方、「人倫」の考え方の下では、父子の関係において「孝」である者は、自ら

が「人」としてふるまえる者であることをすでに証し得た者であり、他の人間関係においても同様に「人」としてふるまえることが十分に期待されることになる。孝子が忠臣であると言えるのは、先に記したように親子・君臣の関係の背後に共通の要素(「愛」と「敬」)を見出しているからであるが、この「人倫」に基づく人間観がそれをさらに後押ししているのである。

人は誰もが、まず親子という人間関係にいやおうなしに投げ込まれ、そこで「孝」を積み重ねていくことを通じて、他の人間関係のもとでも「人」としてふるまうことができるようになっていく。まことに「孝は百行の本」(御注孝経序)であり、「孝」の実践を通じて、さまざまな場面において道徳的にふるまうことのできる力が養われていくのである。

現代のわれわれは、この「人倫」の世界からすでに離れたところに立っているわけであるが、この考え方から切り離されると同時に、われわれは道徳的にふるまう力を養う「百行の本」をも失ってしまったように思える。何が道徳的なふるまいであるのかは時代によって異なるにせよ、道徳的であることは、時代を問わず常に求められる。「人倫」の世界に生きていた人々は、彼らなりに道徳的であることを求め、彼らなりの「百行の本」をともかくも探り当てたのである。翻ってわれわれは、われわれにとっての「百行の本」を手にしているであろうか。

現代の道徳を規準にして、彼らの道徳を批判することはたやすい。しかし、彼らが「百行の本」を探り当てた努力には、われわれにも見習うべきものがあろう。『孝経』には、「百行の本」たり得るものの条件が何であるかが語られ、その条件を満たすものとしての「孝」が記されている。現代のわれわれが道徳的にふるまう力を養う「百行の本」――それは一つではないのかも知れない――を探し求めるに際して、『孝経』の作者たちの努力の軌跡をたどることは決して無意味な作業ではないと思う。

やがては人間の世界から「愛」と「敬」が完全に消え去ってしまうのかも知れない。急速に発達する人工知能による人間の支配を考えれば、それはそれほど遠い未来のことではないのかも知れない。だが、その日が来るまでは、われわれもまた人を愛し、人を敬する力をどこかで養い続けていかなければならない。では、どのようにしてそれを養うのか。この問いが存在する限り、『孝経』は今後も読み継がれるべき古典としての地位を保ち続けていくであろう。

孝《こう》経《きょう》・曾《そう》子《し》

2024年4月12日　第1刷発行

訳注者　末永高康《すえながたかやす》

発行者　坂本政謙

発行所　株式会社　岩波書店
〒101-8002 東京都千代田区一ツ橋 2-5-5
案内 03-5210-4000　営業部 03-5210-4111
文庫編集部 03-5210-4051
https://www.iwanami.co.jp/

印刷・精興社　製本・牧製本

ISBN 978-4-00-332119-5　Printed in Japan

読書子に寄す

――岩波文庫発刊に際して――

岩波茂雄

真理は万人によって求められることを自ら欲し、芸術は万人によって愛されることを自ら望む。かつては民を愚昧ならしめるために学芸が最も狭き堂宇に閉鎖されたことがあった。今や知識と美とを特権階級の独占より奪い返すことはつねに進取的なる民衆の切実なる要求である。岩波文庫はこの要求に応じそれに励まされて生まれた。それは生命ある不朽の書を少数者の書斎と研究室とより解放して街頭にくまなく立たしめ民衆に伍せしめるであろう。近時大量生産予約出版の流行を見る。その広告宣伝の狂態はしばらくおくも、後代にのこすと誇称する全集がその編集に万全の用意をなしたるか。千古の典籍の翻訳企図に敬虔の態度を欠かざりしか。さらに分売を許さず読者を繋縛して数十冊を強うるがごとき、はたしてその揚言する学芸解放のゆえんなりや。吾人は天下の名士の声に和してこれを推挙するに躊躇するものである。このときにあたって、岩波書店は自己の責務のいよいよ重大なるを思い、従来の方針の徹底を期するため、すでに十数年以前より志して来た計画を慎重審議この際断然実行することにした。吾人は範をかのレクラム文庫にとり、古今東西にわたって文芸・哲学・社会科学・自然科学等種類のいかんを問わず、いやしくも万人の必読すべき真に古典的価値ある書をきわめて簡易なる形式において逐次刊行し、あらゆる人間に須要なる生活向上の資料、生活批判の原理を提供せんと欲する。この文庫は予約出版の方法を排したるがゆえに、読者は自己の欲する時に自己の欲する書物を各個に自由に選択することができる。携帯に便にして価格の低きを最主とするがゆえに、外観を顧みざるも内容に至っては厳選最も力を尽くし、従来の岩波出版物の特色をますます発揮せしめようとする。この計画たるや世間の一時の投機的なるものと異なり、永遠の事業として吾人は微力を傾倒し、あらゆる犠牲を忍んで今後永久に継続発展せしめ、もって文庫の使命を遺憾なく果たさしめることを期する。芸術を愛し知識を求むる士の自ら進んでこの挙に参加し、希望と忠言とを寄せられることは吾人の熱望するところである。その性質上経済的には最も困難多きこの事業にあえて当たらんとする吾人の志を諒として、その達成のため世の読書子とのうるわしき共同を期待する。

昭和二年七月

《東洋思想》〔青〕

易経	全二冊	高田真治・後藤基巳 訳
論語		金谷治 訳注
孔子家語		藤原正 校訳
孟子	全二冊	小林勝人 訳注
老子		蜂屋邦夫 訳注
荘子	全四冊	金谷治 訳注
新訂 孫子		金谷治 訳注
荀子	全二冊	金谷治 訳注
韓非子	全四冊	金谷治 訳注
史記列伝	全五冊	司馬遷／小川環樹・今鷹真・福島吉彦 訳
春秋左氏伝	全三冊	小倉芳彦 訳
塩鉄論		曾我部静雄 訳註
千字文		小川環樹・木田章義 注解
大学・中庸		金谷治 訳注
仁学 —清末の社会変革論—		譚嗣同／西順蔵・坂元ひろ子 訳注
章炳麟集 —清末の民族革命思想—		西順蔵・近藤邦康 編訳
梁啓超文集		岡本隆司・石川禎浩・高嶋航 編訳
マヌの法典		田辺繁子 訳
ガンディー 獄中からの手紙		森本達雄 訳
ウパデーシャ・サーハスリー —真実の自己の探求—		シャンカラ／前田専学 訳

《仏教》〔青〕

ブッダのことば —スッタニパータ—		中村元 訳
ブッダの真理のことば 感興のことば		中村元 訳
般若心経・金剛般若経		中村元・紀野一義 訳註
法華経	全三冊	坂本幸男・岩本裕 訳注
日蓮文集		兜木正亨 校注
浄土三部経	全二冊	中村元・早島鏡正・紀野一義 訳註
大乗起信論		宇井伯寿・高崎直道 訳注
臨済録		入矢義高 訳注
碧巌録	全三冊	入矢義高・溝口雄三・末木文美士・伊藤文生 訳注
無門関		西村恵信 訳注
法華義疏	全二冊	聖徳太子／花山信勝 校訳
往生要集	全二冊	源信／石田瑞麿 訳注
教行信証		親鸞／金子大栄 校訂
歎異抄		金子大栄 校注
正法眼蔵	全四冊	道元／水野弥穂子 校注
正法眼蔵随聞記		懐奘 編／和辻哲郎 校訂
道元禅師清規		大久保道舟 訳注
一遍上人語録 —付 播州法語集		大橋俊雄 校注
南無阿弥陀仏 —付 心偈		柳宗悦
蓮如上人御一代聞書		稲葉昌丸 校訂
日本的霊性		鈴木大拙／篠田英雄 校訂
新編 東洋的な見方		鈴木大拙／上田閑照 編
大乗仏教概論		鈴木大拙／佐々木閑 訳
浄土系思想論		鈴木大拙
神秘主義 キリスト教と仏教		鈴木大拙／坂東性純・清水守拙 訳
禅の思想		鈴木大拙
ブッダ最後の旅 —大パリニッバーナ経		中村元 訳
仏弟子の告白 —テーラガーター—		中村元 訳
尼僧の告白 —テーリーガーター—		中村元 訳

ブッダ 神々との対話 —サンユッタ・ニカーヤⅠ　中村元訳
ブッダ 悪魔との対話 —サンユッタ・ニカーヤⅡ　中村元訳
禅林句集　足立大進校注
ブッダが説いたこと　ワールポラ・ラーフラ　今枝由郎訳
ブータンの瘋狂聖 ドゥクパ・クンレー伝　ゲンドゥン・リンチェン編　今枝由郎訳
梵文和訳 華厳経入法界品　梶山雄一・丹治昭義・津田真一・田村智淳・桂紹隆 訳注

《音楽・美術》〔青〕

ベートーヴェンの生涯　ロマン・ロラン　片山敏彦訳
音楽と音楽家　シューマン　吉田秀和訳
レオナルド・ダ・ヴィンチの手記 全二冊　杉浦明平訳
ゴッホの手紙 全三冊　硲伊之助訳
ロダンの言葉抄　高村光太郎訳　高田博厚・菊池一雄編
ビゴー日本素描集　清水勲編
ワーグマン日本素描集　清水勲編
河鍋暁斎戯画集　山口静一・及川茂編
葛飾北斎伝　飯島虚心　鈴木重三校注
ヨーロッパのキリスト教美術 —十二世紀から十八世紀まで 全二冊　エミール・マール　柳宗玄・荒木成子訳
近代日本漫画百選　清水勲編
蛇儀礼　ヴァールブルク　三島憲一訳
セザンヌ　ガスケ　與謝野文子訳
日本洋画の曙光　平福百穂
映画とは何か 全二冊　アンドレ・バザン　野崎歓・大原宣久・谷本道昭訳
漫画 坊っちゃん　近藤浩一路
漫画 吾輩は猫である　近藤浩一路
ロバート・キャパ写真集　ICPロバート・キャパ・アーカイブ編
北斎 富嶽三十六景　日野原健司編
日本漫画史 —鳥獣戯画から岡本一平まで　細木原青起
世紀末ウィーン文化評論集　ヘルマン・バール　西村雅樹編訳
ゴヤの手紙 全二冊　大高保二郎・松原典子編訳
丹下健三建築論集　豊川斎赫編
丹下健三都市論集　豊川斎赫編
ギリシア芸術模倣論　ヴィンケルマン　田邊玲子訳
堀口捨己建築論集　藤岡洋保編

《東洋文学》〔赤〕

楚辞 小南一郎訳注
杜甫詩選 黒川洋一編
李白詩選 松浦友久編訳
唐詩選 全三冊 前野直彬注解
完訳 三国志 全八冊 小川環樹・金田純一郎訳
西遊記 全十冊 中野美代子訳
菜根譚 洪自誠 今井宇三郎訳注
阿Q正伝・狂人日記 他十二篇（吶喊） 魯迅 竹内好訳
魯迅評論集 竹内好編訳
歴史小品 郭沫若 平岡武夫訳
家 全二冊 巴金 飯塚朗訳
新編 中国名詩選 全三冊 川合康三編訳
唐宋伝奇集 全二冊 今村与志雄訳
聊斎志異 全二冊 蒲松齢 立間祥介編訳
李商隠詩選 川合康三選訳
白楽天詩選 全二冊 川合康三訳注
文選 全六冊 川合康三・富永一登・釜谷武志・和田英信・浅見洋二・緑川英樹訳注
曹操・曹丕・曹植詩文選 川合康三編訳
ケサル王物語 —チベットの英雄叙事詩 アレクサンドラ・ダヴィッド=ネール アプル・ユンテン 富樫瓔子訳
バガヴァッド・ギーター 上村勝彦訳
ダライ・ラマ六世恋愛詩集 今枝由郎・海老原志穂編訳
朝鮮童謡選 金素雲訳編
朝鮮短篇小説選 全二冊 大村益夫・長璋吉・三枝壽勝編訳
尹東柱詩集 空と風と星と詩 金時鐘編訳
アイヌ神謡集 知里幸惠編訳
アイヌ民譚集 付 えぞおばけ列伝 知里真志保編訳
アイヌ叙事詩 ユーカラ 金田一京助採集並ニ訳

《ギリシア・ラテン文学》〔赤〕

ホメロス イリアス 全二冊 松平千秋訳
ホメロス オデュッセイア 全二冊 松平千秋訳
イソップ寓話集 中務哲郎訳
アイスキュロス アガメムノーン 久保正彰訳
アイスキュロス 縛られたプロメーテウス 呉茂一訳
ソポクレス アンティゴネー 中務哲郎訳
ソポクレス オイディプス王 藤沢令夫訳
ソポクレス コロノスのオイディプス 高津春繁訳
エウリーピデース バッカイ —バッコスに憑かれた女たち 逸身喜一郎訳
ヘシオドス 神統記 廣川洋一訳
アリストパネース 女の議会 村川堅太郎訳
アポロドーロス ギリシア神話 高津春繁訳
ロンゴス ダフニスとクロエー 松平千秋訳
ギリシア・ローマ抒情詩選 —花冠 呉茂一訳
オウィディウス 変身物語 全二冊 中村善也訳
ギリシア・ローマ神話 付 インド・北欧神話 ブルフィンチ 野上弥生子訳
ギリシア・ローマ名言集 柳沼重剛編

《哲学・教育・宗教》〔青〕

- ソクラテスの弁明・クリトン　プラトン／久保勉訳
- ゴルギアス　プラトン／加来彰俊訳
- 饗宴　プラトン／久保勉訳
- テアイテトス　プラトン／田中美知太郎訳
- パイドロス　プラトン／藤沢令夫訳
- メノン　プラトン／藤沢令夫訳
- 国家　全二冊　プラトン／藤沢令夫訳
- プロタゴラス　—ソフィストたち　プラトン／藤沢令夫訳
- パイドン　—魂の不死について　プラトン／岩田靖夫訳
- アナバシス　—敵中横断六〇〇〇キロ　クセノポン／松平千秋訳
- アリストテレス　ニコマコス倫理学　全二冊　高田三郎訳
- アリストテレス　形而上学　全二冊　出隆訳
- アリストテレス　弁論術　戸塚七郎訳
- アリストテレース詩学・ホラーティウス詩論　松本仁助・岡道男訳
- 物の本質について　ルクレーティウス／樋口勝彦訳
- エピクロス　—教説と手紙　出隆・岩崎允胤訳

- 生の短さについて　他二篇　セネカ／大西英文訳
- 怒りについて　他二篇　セネカ／兼利琢也訳
- エピクテトス　人生談義　全二冊　國方栄二訳
- 人さまざま　テオプラストス／森進一訳
- マルクス・アウレーリウス　自省録　神谷美恵子訳
- 老年について　キケロー／中務哲郎訳
- 弁論家について　全二冊　キケロー／大西英文訳
- キケロー書簡集　高橋宏幸編
- 平和の訴え　エラスムス／箕輪三郎訳
- 方法序説　デカルト／谷川多佳子訳
- 哲学原理　デカルト／桂寿一訳
- 情念論　デカルト／谷川多佳子訳
- パンセ　全三冊　パスカル／塩川徹也訳
- スピノザ　神学・政治論　全二冊　畠中尚志訳
- 知性改善論　スピノザ／畠中尚志訳
- スピノザ　エチカ　(倫理学)　全二冊　畠中尚志訳
- スピノザ　国家論　畠中尚志訳

- スピノザ往復書簡集　畠中尚志訳
- デカルトの哲学原理　—附 形而上学的思想　スピノザ／畠中尚志訳
- スピノザ　神・人間及び人間の幸福に関する短論文　畠中尚志訳
- モナドロジー　他二篇　ライプニッツ／谷川多佳子・岡部英男訳
- 市民の国について　全二冊　ヒューム／小松茂夫訳
- 自然宗教をめぐる対話　ヒューム／犬塚元訳
- エミール　全三冊　ルソー／今野一雄訳
- 人間不平等起原論　ルソー／本田喜代治・平岡昇訳
- ルソー　社会契約論　桑原武夫・前川貞次郎訳
- 言語起源論　—旋律と音楽的模倣について　ルソー／増田真訳
- ディドロ　絵画について　佐々木健一訳
- 道徳形而上学原論　カント／篠田英雄訳
- 啓蒙とは何か　他四篇　カント／篠田英雄訳
- 純粋理性批判　全三冊　カント／篠田英雄訳
- カント　実践理性批判　波多野精一・宮本和吉・篠田英雄訳
- 判断力批判　全二冊　カント／篠田英雄訳
- 永遠平和のために　カント／宇都宮芳明訳

プロレゴメナ　カント　篠田英雄訳
学者の使命・学者の本質　フィヒテ　宮崎洋三訳
シュライエルマッハー　独白　木場深定訳
ヘーゲル　政治論文集　全二冊　金子武蔵訳
哲学史序論 ―哲学と哲学史　ヘーゲル　武市健人訳
歴史哲学講義　全二冊　ヘーゲル　長谷川宏訳
法の哲学 ―自然法と国家学の要綱　ヘーゲル　上妻精・佐藤康邦・山田忠彰訳
学問論　シェリング　西川富雄・藤田正勝監訳
自殺について　他四篇　ショウペンハウエル　斎藤信治訳
読書について　他二篇　ショウペンハウエル　斎藤忍随訳
知性について　他四篇　ショーペンハウエル　細谷貞雄訳
不安の概念　キェルケゴール　斎藤信治訳
死に至る病　キェルケゴール　斎藤信治訳
体験と創作　全二冊　ディルタイ　柴田治三郎・小牧健夫訳
眠られぬ夜のために　全二冊　ヒルティ　草間平作・大和邦太郎訳
幸福論　全三冊　ヒルティ　草間平作・大和邦太郎訳
悲劇の誕生　ニーチェ　秋山英夫訳

ツァラトゥストラはこう言った　全二冊　ニーチェ　氷上英廣訳
道徳の系譜　ニーチェ　木場深定訳
善悪の彼岸　ニーチェ　木場深定訳
この人を見よ　ニーチェ　手塚富雄訳
プラグマティズム　W・ジェイムズ　桝田啓三郎訳
宗教的経験の諸相　全二冊　W・ジェイムズ　桝田啓三郎訳
日常生活の精神病理　フロイト　高田珠樹訳
純粋現象学及現象学的哲学考案　全二冊　フッセル　池上鎌三訳
デカルト的省察　フッサール　浜渦辰二訳
愛の断想・日々の断想　ジンメル　清水幾太郎訳
ジンメル宗教論集　深澤英隆編訳
笑い　ベルクソン　林達夫訳
道徳と宗教の二源泉　ベルクソン　平山高次訳
時間と自由　ベルクソン　中村文郎訳
ラッセル教育論　安藤貞雄訳
ラッセル幸福論　安藤貞雄訳
存在と時間　全四冊　ハイデガー　熊野純彦訳

学校と社会　デューイ　宮原誠一訳
民主主義と教育　全二冊　デューイ　松野安男訳
我と汝・対話　マルティン・ブーバー　植田重雄訳
アラン　幸福論　神谷幹夫訳
アラン　定義集　神谷幹夫訳
天才の心理学　E・クレッチュマー　内村祐之訳
英語発達小史　H・ブラッドリ　寺澤芳雄訳
日本の弓術　オイゲン・ヘリゲル述　柴田治三郎訳
ことばのロマンス ―英語の語源　ウィークリー　寺澤芳雄・出淵博訳
ヴィーコ　学問の方法　上村忠男・佐々木力訳
国家と神話　全二冊　カッシーラー　熊野純彦訳
天才・悪　ブレンターノ　篠田英雄訳
人間の頭脳活動の本質　他一篇　ディーツゲン　小松摂郎訳
プラトン入門　R・S・ブラック　内山勝利訳
反啓蒙思想　他二篇　バーリン　松本礼二編
マキアヴェッリの独創性　他三篇　バーリン　川出良枝編
ロシア・インテリゲンツィヤの誕生　他五篇　バーリン　桑野隆編

論理哲学論考　ウィトゲンシュタイン　野矢茂樹訳
自由と社会的抑圧　シモーヌ・ヴェイユ　冨原眞弓訳
根をもつこと　全二冊　シモーヌ・ヴェイユ　冨原眞弓訳
重力と恩寵　シモーヌ・ヴェイユ　冨原眞弓訳
全体性と無限　全二冊　レヴィナス　熊野純彦訳
啓蒙の弁証法　―哲学的断想　M・ホルクハイマー　T・W・アドルノ　徳永恂訳
ヘーゲルからニーチェへ　十九世紀思想における革命的断絶　全二冊　レーヴィット　三島憲一訳
統辞構造論　付『言語理論の論理構造』序論　チョムスキー　福井直樹　辻子美保子訳
統辞理論の諸相　方法論序説　チョムスキー　福井直樹　辻子美保子訳
快楽について　ロレンツォ・ヴァッラ　近藤恒一訳
古代懐疑主義入門　判断保留の十の方式　J・アナス　J・バーンズ　金山弥平訳
ニーチェ　みずからの時代と闘う者　ルドルフ・シュタイナー　高橋巖訳
フランス革命期の公教育論　コンドルセ他　阪上孝編訳
フレーベル自伝　長田新訳
旧約聖書　創世記　関根正雄訳
旧約聖書　出エジプト記　関根正雄訳
旧約聖書　ヨブ記　関根正雄訳

旧約聖書　詩篇　関根正雄訳
新約聖書　福音書　塚本虎二訳
文語訳　新約聖書　詩篇付
文語訳　旧約聖書　全四冊
キリストにならいて　トマス・ア・ケンピス　大沢章　呉茂一訳
聖アウグスティヌス　告白　全二冊　服部英次郎訳
アウグスティヌス　神の国　全五冊　服部英次郎　藤本雄三訳
新訳　キリスト者の自由・聖書への序言　マルティン・ルター　石原謙訳
キリスト教と世界宗教　シュヴァイツェル　鈴木俊郎訳
水と原生林のはざまで　シュヴァイツェル　野村実訳
コーラン　全三冊　井筒俊彦訳
エックハルト説教集　田島照久編訳
ムハンマドのことば　ハディース　小杉泰編訳
新約聖書外典　ナグ・ハマディ文書抄　荒井献　大貫隆　小林稔　筒井賢治　編訳
後期資本主義における正統化の問題　ハーバーマス　山田正行・金慧訳
シンボルの哲学　―理性、祭礼、芸術のシンボル試論　S・K・ランガー　塚本明子訳

ジャック・ラカン　精神分析の四基本概念　全二冊　ジャック＝アラン・ミレール編　小出浩之　新宮一成　鈴木國文　小川豊昭　訳
精神と自然　生きた世界の認識論　グレゴリー・ベイトソン　佐藤良明訳
人間の知的能力に関する試論　全二冊　トマス・リード　戸田剛文訳
開かれた社会とその敵　全四冊　カール・ポパー　小河原誠訳

《日本文学(古典)》〔黄〕

古事記 倉野憲司校注
日本書紀 全五冊 坂本太郎・家永三郎・井上光貞・大野晋校注
万葉集 全五冊 佐竹昭広・山田英雄・工藤力男・大谷雅夫・山崎福之校注
原文 万葉集 全二冊 佐竹昭広・山田英雄・工藤力男・大谷雅夫・山崎福之校注
竹取物語 阪倉篤義校訂
伊勢物語 大津有一校注
玉造小町子壮衰書 ―小野小町物語 杤尾武校注
古今和歌集 佐伯梅友校注
土左日記 紀貫之 鈴木知太郎校注
源氏物語 全九冊 柳井滋・室伏信助・大朝雄二・鈴木日出男・藤井貞和・今西祐一郎校注
源氏物語補作 山路の露・雲隠六帖 他二篇 今西祐一郎編注
枕草子 池田亀鑑校訂
更級日記 西下経一校注
今昔物語集 全四冊 池上洵一編
西行全歌集 久保田淳・吉野朋美校注
建礼門院右京大夫集 付 平家公達草紙 久松潜一・久保田淳校注

後拾遺和歌集 久保田淳・平田喜信校注
詞花和歌集 工藤重矩校注
古語拾遺 斎部広成撰 西宮一民校注
王朝漢詩選 小島憲之編
新訂 方丈記 市古貞次校注
新訂 新古今和歌集 佐佐木信綱校訂
新訂 徒然草 西尾実・安良岡康作校注
平家物語 全四冊 梶原正昭・山下宏明校注
神皇正統記 北畠親房 岩佐正校注
御伽草子 全二冊 市古貞次校注
王朝秀歌選 樋口芳麻呂校注
定家八代抄 ―続王朝秀歌選 全二冊 樋口芳麻呂・後藤重郎校注
閑吟集 真鍋昌弘校注
中世なぞなぞ集 鈴木棠三編
謡曲選集 読む能の本 野上豊一郎編
東関紀行・海道記 玉井幸助校訂
おもろさうし 外間守善校注

太平記 全六冊 兵藤裕己校注
好色五人女 井原西鶴 東明雅校註
武道伝来記 井原西鶴 横山重・前田金五郎校注
西鶴文反古 井原西鶴 片岡良一校訂
芭蕉紀行文集 付 嵯峨日記 中村俊定校注
芭蕉 おくのほそ道 付 曾良旅日記・奥細道菅菰抄 萩原恭男校注
芭蕉俳句集 中村俊定校注
芭蕉連句集 中村俊定・萩原恭男校注
芭蕉書簡集 萩原恭男校注
芭蕉文集 潁原退蔵編註
芭蕉俳文集 全二冊 堀切実編注
芭蕉自筆 奥の細道 上野洋三・櫻井武次郎校注
蕪村俳句集 付 春風馬堤曲 他二篇 尾形仂校注
蕪村七部集 伊藤松宇校訂
蕪村文集 藤田真一編注
折たく柴の記 新井白石 松村明校注
近世畸人伝 伴蒿蹊 森銑三校註

雨月物語　上田秋成／長島弘明校注

宇下人言 修行録　松平定信／松平定光校訂

新訂 一茶俳句集　丸山一彦校注

増補 俳諧歳時記栞草 全二冊　曲亭馬琴編／藍亭青藍補／堀切実校注

北越雪譜　鈴木牧之編撰／京山人百樹刪定／岡田武松校訂

東海道中膝栗毛 全二冊　十返舎一九／麻生磯次校注

浮世床　式亭三馬／和田万吉校訂

梅暦 全二冊　為永春水／古川久校訂

百人一首一夕話 全二冊　尾崎雅嘉／古川久校訂

日本民謡集　町田嘉章／浅野建二編

芭蕉臨終記 花屋日記 付 芭蕉翁終焉記・前後日記・行状記　小宮豊隆校訂

醒睡笑 全二冊　安楽庵策伝／鈴木棠三校注

歌舞伎十八番の内 勧進帳　郡司正勝校注

江戸怪談集 全三冊　高田衛編・校注

柳多留名句選　山澤英雄選／粕谷宏紀校注

松蔭日記　上野洋三校注

鬼貫句選・独ごと　復本一郎校注

井月句集　復本一郎編

花見車・元禄百人一句　雲英末雄／佐藤勝明校注

江戸漢詩選 全二冊　揖斐高編訳

岩波文庫の最新刊

ゲルツェン著／長縄光男訳

ロシアの革命思想
—その歴史的展開—

ロシア初の政治的亡命者、ゲルツェン(一八一二—一八七〇)。人間の尊厳と言論の自由を守る革命思想を文化史とともにたどり、農奴制と専制の非人間性を告発する書。
〔青N六一〇-一〕 定価一〇七八円

ラス・カサス著／染田秀藤訳

インディアスの破壊をめぐる賠償義務論
—十二の疑問に答える—

新大陸で略奪行為を働いたすべてのスペイン人を糾弾し、先住民に対する賠償義務を数多の神学・法学理論に拠り説き明かし、その履行をつよく訴える。最晩年の論策。
〔青四二七-九〕 定価一一五五円

岩田文昭編

嘉村礒多集

嘉村礒多(一八九七—一九三三)は山口県仁保生れの作家。小説、随想、書簡から選んだ。己の業苦の生を文学に刻んだ、苦しむ者の光源となる同朋の全貌。
〔緑七四-二〕 定価一〇〇一円

網野善彦著

日本中世の非農業民と天皇(下)

海民、鵜飼、桂女、鋳物師ら、山野河海に生きた中世の「職人」と天皇の結びつきから日本社会の特質を問う、著者の代表的著作。(全二冊、解説＝高橋典幸)
〔青N四〇二-三〕 定価一四三〇円

ヘルダー著／嶋田洋一郎訳

人類歴史哲学考(三)

第二部第十巻—第三部第十三巻を収録。人間史の起源を考察し、風土に基づいてアジア、中東、ギリシアの文化や国家などを論じる。(全五冊)
〔青N六〇八-三〕 定価一二七六円

……今月の重版再開……

池上洵一編

今昔物語集 天竺・震旦部

〔黄一九-一〕 定価一四三〇円

清水三男著／大山喬平・馬田綾子校注

日本中世の村落

〔青四七〇-一〕 定価一三五三円

岩波文庫の最新刊

カント著／大橋容一郎訳

道徳形而上学の基礎づけ

カント哲学の導入にして近代倫理の基本書。人間の道徳性や善悪、正義と意志、義務と自由、人格と尊厳などを考える上で必須の手引きである。新訳。

〔青六二五-一〕 定価八五八円

カント著／宮村悠介訳

人倫の形而上学

第二部　徳論の形而上学的原理

カント最晩年の、「自由」の「体系」をめぐる大著の新訳。第二部では「道徳性」を主題とする。『人倫の形而上学』全体に関する充実した解説も付す。（全二冊）

〔青六二六-五〕 定価一二七六円

高浜虚子著／岸本尚毅編

新編 虚子自伝

高浜虚子（一八七四―一九五九）の自伝。青壮年時代の活動、郷里、子規や漱石との交遊歴を語り掛けるように回想する。近代俳句の巨人の素顔にふれる。

〔緑二八-一二〕 定価一〇〇一円

末永高康訳注

孝経・曾子

『孝経』は孔子がその高弟曾子《そうし》に「孝」を説いた書。儒家の経典の一つとして、『論語』とともに長く読み継がれた。曾子学派による師の語録『曾子』を併収。

〔青二一一-一〕 定価九三五円

……今月の重版再開……

久保田淳校注

千載和歌集

定価一三五三円 〔黄一三二-一〕

南原繁著

国家と宗教

―ヨーロッパ精神史の研究―

定価一三五三円 〔青一六七-二〕

定価は消費税 10％ 込です

2024. 4

岩波